CD-ROM付き

子どもの育ちを伝える

幼稚園幼児指導要録の書き方&文例集

第2版

横山洋子 著

ナツメ社

はじめに

その子への思いを要録へ

　年度末が近づくと、クラスの子どもたちの成長をひしひしと感じ、残りの日々を愛おしむような気持ちで過ごすでしょう。保育者にとって仕事のやりがいを感じられる充実したときです。一方で、要録を書くという仕事があることは、ため息をつきたくなるほどおっくうな難題かもしれません。とてつもなく時間がかかり、書いても修正で戻ってきてしまう…。

　でも、やらなければならないことなら、嫌々するのではなく楽しみたいもの。一人一人の子どものために心を尽くしてきた

ことを、ラブレターのように思いを込めて書きましょう。

　本書では、新しい要録の様式と考え方に対応し、どのような文や書き方で記述すれば、読み手に具体的に伝わるのかという点に力を入れています。まずは子どもの姿を「生活」「遊び」「友達」「興味」という目で見える形で捉え、それが5領域のどの「ねらい」に関連するのかを考えます。

　さらに「幼児期の終わりまでに育ってほしい姿」に照らし、どの姿に近いのかを見ていきます。読み手がイメージできるように、具体的な場面での言動を示し、それを保育者がどのように捉え、どのように援助したのかも詳しく書きます。医者が患者を診察し治療方針を立てるのと同様です。要録はカルテの役割を果たし、次の担任の指導に役立つわけです。

　書くことに苦手意識をもつ方も、本書の文例をパラパラとめくってみてください。「クラスの子にそっくり…」が、たくさん見つかるでしょう。本書を利用して、年度末に心地よい達成感と充実感を味わえるように心から願っております。

横山洋子

目次

はじめに …………………………………………………………………… 2
文例ページの見方 ………………………………………………………… 8

第1章 指導要録を書く前に …………………………………… 9

要領・指針改訂	小学校教育へスムーズにつなげるために ……………… 10
知っておきたい	指導要録を作成する意義 ………………………………… 14
基本を認識しておこう	指導要録の様式と送付の流れ …………………………… 16
20年間保存する書類	「学籍に関する記録」の記入のしかた …………………… 18
5年間保存する書類	「指導に関する記録」の記入のしかた …………………… 22
文例は4項目に分類	「指導上参考となる事項」本書での分類 ………………… 24

指導要録 Q&A 記入について① ………………………………………… 26

第2章 指導要録へのまとめ方 ……………………………… 27

マンガで分かる **日々の記録を指導要録へ** ……………………………… 28
- **STEP 1** 1年間の援助を整理する
- **STEP 2** 援助から子どもの育ちを見る
- **STEP 3** 5領域と「10の姿」から育ちを見る
- **STEP 4** 指導要録へ記入する

押さえよう! **指導要録の文章のポイント** ……………………………… 36
- **ポイント1** 長所ではなく今年度伸びた点を書く
- **ポイント2** 短所と思われる点も発達の過程として捉える
- **ポイント3** 年齢にとらわれずにその子なりの育ちを見る
- **ポイント4** その子の姿が思い浮かぶよう具体的に書く
- **ポイント5** 保育者が主体となる「〜させる」は使わない
- **ポイント6** 「〜してくれる」「〜してもらう」は使わない

第3章 「10の姿」キーワード・文例 —— 43

「10の姿」キーワード文例集の活用法 —— 44
- 1 健康な心と体 —— 46
- 2 自立心 —— 48
- 3 協同性 —— 50
- 4 道徳性・規範意識の芽生え —— 52
- 5 社会生活との関わり —— 54
- 6 思考力の芽生え —— 56
- 7 自然との関わり・生命尊重 —— 58
- 8 数量や図形、標識や文字などへの関心・感覚 —— 60
- 9 言葉による伝え合い —— 62
- 10 豊かな感性と表現 —— 64

指導要録 Q&A 「10の姿」について —— 66

第4章 満3歳児の文例 —— 67

- 学年の重点 —— 68
- 個人の重点 —— 70
- 生活への取り組み —— 72
- 遊びの傾向 —— 76
- 友達との関係 —— 80
- 興味・関心 —— 84

第5章 3歳児の文例 —— 87

- 学年の重点 —— 88
- 個人の重点 —— 90
- 生活への取り組み —— 92
- 遊びの傾向 —— 96
- 友達との関係 —— 100
- 興味・関心 —— 104

第6章 4歳児の文例 …… 107

- 学年の重点 …… 108
- 個人の重点 …… 110
- 生活への取り組み …… 112
- 遊びの傾向 …… 116
- 友達との関係 …… 120
- 興味・関心 …… 124

第7章 5歳児の文例 …… 127

- 学年の重点 …… 128
- 個人の重点 …… 130
- 生活への取り組み …… 132
- 遊びの傾向 …… 136
- 友達との関係 …… 140
- 興味・関心 …… 144

第8章 指導要録の実例と添削 …… 147

- 記入例1 満3歳児　思いのままに行動するAくん …… 148
- 記入例2 満3歳児　引っこみじあんなBちゃん …… 149
- 記入例3 3歳児　あまり目立たないCちゃん …… 150
- 記入例4 3歳児　特別な配慮が必要なDくん …… 151
- 記入例5 4歳児　リーダーシップのあるEくん …… 152
- 記入例6 4歳児　アレルギーのあるFちゃん …… 153
- 記入例7 5歳児　好奇心旺盛なGくん …… 154
- 記入例8 5歳児　外国籍のHくん …… 155
- 記入例9 4・5歳児　集団遊びが苦手なIちゃん …… 156
- 記入例10 3・4・5歳児　周りの子を気にかけるJくん …… 158
- 指導要録 Q&A　記入について② …… 160

第9章 個人記録の書き方 ……………… 161

- 役立つ指導要録のために
- 個人記録のポイント
- 記録がすべての基本 ……………… 162
- 生かせる記録の取り方 ……………… 164

第10章 認定こども園 園児指導要録 ……… 173

- 幼保連携型認定こども園　園児指導要録の記入のしかた ……………… 174
- 特に配慮すべき事項 ……………… 176
- 認定こども園　消極的なKちゃん ……………… 178
- 認定こども園　感情の起伏が乏しいMくん ……………… 180
- 指導要録 Q&A　園児指導要録について ……………… 182

CD-ROMの使い方 ……………… 183
付録　幼稚園教育要領 ……………… 190

* 「幼児期の終わりまでに育ってほしい姿」(10の姿)の項目は、「健康な心と体」：健康 、「自立心」：自立 、「協同性」：協同 、「道徳性・規範意識の芽生え」：規範 、「社会生活との関わり」：社会 、「思考力の芽生え」：思考 、「自然との関わり・生命尊重」：自然 、「数量や図形、標識や文字などへの関心・感覚」：数字 、「言葉による伝え合い」：言葉 、「豊かな感性と表現」：表現 　で表しています。

* 紙面での掲載はありませんが、CD-ROMに「幼保連携型認定こども園教育・保育要領」のPDFを収録しています。「幼稚園教育要領」のPDFも収録。

文例ページの見方

幼児期の終わりまでに育ってほしい姿「10の姿」の文例　➡ 46〜65ページ

幼稚園教育要領　第1章　総則　第2より記載

「幼児期の終わりまでに育ってほしい姿」の法令文を幼稚園教育要領より記載しています。

「10の姿」をキーワードで掲載

「10の姿」をキーワードに分けて掲載。「健康な心と体」では、【充実感をもって活動する】【自分のやりたいことに向かう】【心を十分に働かせる】など。

対応する文例を紹介

「10の姿」の各キーワードに対応する、具体的な文例を120本掲載。その子の事例に当てはまる文例を見つけたら、参考にしながら要録にまとめます。

CD－ROMでパソコン作業が簡単に

本書はCD－ROM付き。文例のデータを収録しているフォルダ名は各ページに表記しています。必要な文例を見つけたらフォルダ名から探してください。

満3歳児から5歳児　各年齢の文例　➡ 67〜146ページ

子どもの姿を書きやすい4項目に分けて掲載

文例を「生活への取り組み」「遊びの傾向」「友達との関係」「興味・関心」の4項目に分けて紹介。子どもの育ちを書きやすい分類にしています。

5領域の表示

「健康」「人間関係」「環境」「言葉」「表現」のうち該当する領域に色付けしています。

幼児期の終わりまでに育ってほしい姿の表示

各文例から読み取れる「10の姿」を、分かりやすく該当箇所に色付けしています。

年齢別の子どもの文例を384本掲載

満3歳児、3歳児、4歳児、5歳児で各96本を紹介しています。クラスの子どもの姿に見合った文例を見つけ、要録に記入していきます。必要な箇所には解説も付いています。

第1章

指導要録を書く前に

\要領・指針改訂/
小学校教育へスムーズにつなげるために

時間割に基づき、各教科の内容を教科書などの教材を用いて学習する小学校。
子どもの生活や教育方法が変化しても、
育てる「資質・能力」は幼児期からつながっています。

「資質・能力」の3つの柱が18歳まで一本化に

幼稚園教育要領 第1章 総則 第3には以下のような記載があります。

「幼稚園教育において育まれた資質・能力を踏まえ、小学校教育が円滑に行われるよう、小学校の教師との意見交換や合同の研究の機会などを設け、『幼児期の終わりまでに育ってほしい姿』を共有するなど連携を図り、幼稚園教育と小学校教育との円滑な接続を図るよう努めるものとする。」

幼稚園と小学校が円滑に接続するためには、保育者が小学校1年生の生活を理解していること、小学校1年生の担任教諭が5歳児の生活を理解していることが望まれます。お互いに参観しながら、情報交換ができる環境をつくりましょう。

今回の改訂では、小学校以降の教育につながる3つの「資質・能力」について、すでに幼児期において、その基礎が育っているという考えに基づき、18歳まで一本化されることになりました。それにより、子どもの育ちを読み取る際に使われる言葉も共通になってくるでしょう。「これは、学びに向かう力だね」という発言に

対して、多くの教員が自分の中の「学びに向かう力」のイメージに照らしてうなずいたり、さらに細分化して語ったりということができるようになるのです。幼児教育は分かりにくいと小学校以上の教員に思われていましたが、これからはしっかりと具体的な言葉で育ちを語ったり書いたりすることで、スムーズな接続に寄与できるはずです。

私たちは、幼稚園修了まで子どもを育てればよいのではなく、その子の長い人生を見据えて、幼児期の今をどのように過ごすことが幸せなのかを考えなくてはなりません。目の前の子どもの5年先、10年先の姿を思い浮かべながら、今、経験しなければならないことは何なのか探る必要があり、それを小学校の教員へも伝える義務があるのです。

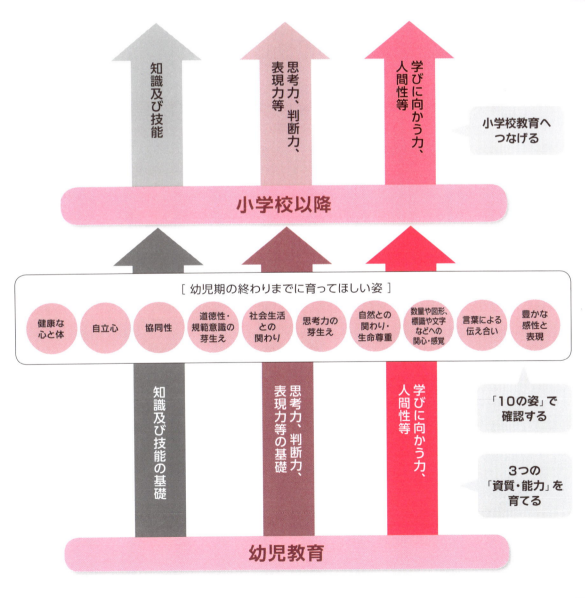

「10の姿」で幼児教育と小学校教育をつなぐ

　5領域の「ねらい」及び「内容」に基づく活動全体を通して、3つの「資質・能力」が育まれます。その中で5歳児後半に育まれてくる姿を10にまとめたものが「幼児期の終わりまでに育ってほしい姿」です。

　これは、園を修了した時点での具体的な姿として描かれています。ですから、保育者は指導する際に、たとえば「自立心の姿に近づいてきているな」と意識して捉えることができます。育ちの方向性を示しているものなので、幼児期に完成するわけではありません。小学校へ入学し、スタートカリキュラムが始まり、徐々に教科等の授業へ移行する際に、それらの姿のもとで培った力が発揮され、適応しながら意欲的に取り組む姿につながっていきます。これら「10の姿」は、5歳後半になっていきなり表れるものではありません。ささやかだけれど確かな経験の積み重ねが必要なのです。

＊ 幼児期の終わりまでに育ってほしい 10の姿 ＊

健康な心と体
やりたいことに向かって心と体を十分に働かせ、自ら健康で安全な生活をつくり出す。

[保育の場面]　転がしドッジボールに自ら加わり、思いきり体を動かして楽しむ。ボールをよけて転び、ひざに血がにじむと、「手当てしてもらう」と言って、ひざを流水で洗ってから職員室へ行った。

自立心
自分で行うために考え工夫し、やり遂げることで達成感を味わい、自信をもって行動する。

[保育の場面]　砂山にトンネルを掘る。途中、山が崩れてもあきらめず、「そうだ、水をかけて硬くしよう」と言ってじょうろを使う。トンネルが貫通すると「やったー!」と満面の笑みで叫んだ。

協同性
友達と思いや考えを共有し、共通の目的に向けて協力し、充実感をもってやり遂げる。

[保育の場面]　3人でペープサートを始める。「私はタヌキとウサギをやるね」と役割を決めた。中で歌を入れることも相談した。お客さんを呼んで演じ切り、3人で顔を見合わせて笑った。

道徳性・規範意識の芽生え
自分の行動を振り返り、気持ちを調整し、友達と折り合いを付ける。きまりをつくり、守る。

[保育の場面]　おうちごっこで、お母さん役をしたい子が2人いた。自分もやりたかったが昨日やったことを思い出し、「いつもやっていないAちゃんにさせてあげようよ」と提案した。

社会生活との関わり

役に立つ喜びを感じ、地域に親しみをもつ。必要な情報を取り入れ、判断し伝え合う。

[保育の場面] 近くの公園へドングリ拾いに出かける。道で出会う地域の人に「こんにちは」と元気にあいさつする。途中、落ちていた空き缶を進んで拾い、「きれいな町にしよう」と言い合う。

思考力の芽生え

物の性質や仕組みを感じ取り、多様に関わる。異なる考えに気付き、よりよい考えを生み出す。

[保育の場面] 紙でつくった魚にクリップを付け、磁石を付けた竿で釣ることを楽しむ。クリップは磁石にくっつくことを実感する。「クリップ2個ならもっと釣れる?」という友達の意見にうなずき、試してみる。

自然との関わり・生命尊重

自然への愛情や畏敬の念をもつ。身近な動植物を命あるものとして大切に関わる。

[保育の場面] 保育者が抱っこしているウサギに、こわごわ触ってみる。「フワフワ」と言いながらなでる。「ここ、あったかいよ」と言われ手をずらすと、ウサギの体温を感じ、びっくりして保育者を見た。

数量や図形、標識や文字などへの関心・感覚

数量や図形、標識や文字などに親しむ。それらの役割に気付き、活用し、興味や関心をもつ。

[保育の場面] パズルに積極的に取り組み、三角を二つ合わせると真四角になることに気付く。近くにいる友達に「見ててね」と見せ、「ほら、こうするとうまくはまるよ」とうれしそうに教える。

言葉による伝え合い

絵本や物語に親しみ、豊かな言葉や表現を身に付け、相手の話を聞き、伝え合いを楽しむ。

[保育の場面] 引っ張る動きをする子を見て、「大きなカブのまねだ」と言い、「私は、ネズミになる」「ぼくは、ゾウになる」と加わる。「重そうにやってね」と言われ、「うーんとこしょ」と大げさに動作し、笑い合う。

豊かな感性と表現

様々な素材の特徴や表現の仕方に気付き、表現する喜びを味わい、意欲をもつ。

[保育の場面] ダンボール箱をつなげて電車をつくる。セロハンテープを持ってきた友達に、「ガムテープのほうが強いよ」と伝える。「ライトをつくるにはアルミホイルがいい」と提案し、取りかかる。

知っておきたい 指導要録を作成する意義

指導要録は、幼稚園教育の集大成ともいえる大切な資料です。「小学校へ送る書類」という役割だけでなく、園の教育活動の中で、保育者にとっても重要な書類であることを認識しなければなりません。

＊ 園全体として（公文書の役割）＊

1 幼児一人一人の在籍を証明するもの

「この幼児が確かにこの園で保育を受けていた」と証明するものです。在園期間も明記します。「学籍に関する記録」は20年間、園で保存しなければなりません。外部への証明などを作成する場合、目的に応じて必要な事項だけを記載します。そのための原簿となるものです。

2 幼児の入園から修了までの発達を記すもの

「指導に関する記録」は毎年の学年末に記載されるので、年度ごとの発達の状況が分かります。指導の過程と結果、保育者の願いなども記入されているので、病院におけるカルテの役割を果たしています。「指導に関する記録」は5年間、園で保存します。

3 次の指導者に渡す「引き継ぎ資料」

進級した際や、小学校に入学した際、前の担任が、その子の何を育てるためにどのような指導をしてきたかということは、新たにその子の指導を考えていくうえでの大切な資料となります。次の指導者はその子のそれまでの育ちや経験を踏まえ、前担任のやり方を踏襲することもできますし、あえて別の方法を試みることもできるからです。

＊ 保育者として（自分の保育を振り返るきっかけ）＊

1　1年間の子どもの育ちを捉え直すもの

年度当初の姿と比べ、その子のどの面が育ったかを考えます。「この時期にこの面が伸びた」「あの出来事をきっかけに友達関係が変わった」など、一人一人の子どもについて育ちを捉え直し、その子の成長を実感することができます。

2　自分の保育を見直すもの

子どもは勝手に成長しているわけではありません。保育者の意図した環境や援助が、子どもに影響を与えているものです。私はその子に何を願って、何に気を付けて保育してきただろうかとしっかり見据え、効果が弱いならば、これからどうしていかなければならないかを考えるためのきっかけとします。自分の保育のよさや、さらに努力が必要な点を見いだすのです。

3　保育者として成長させてくれるもの

新任の頃は、何をどう書けばよいか分からず苦労するかもしれませんが、経験を重ねるうちに、これをぜひ書かなくては、と思うことが増えていくでしょう。子どもの姿を想起しながら、もっとこのような援助をすればよかったと反省することも多いものです。このような過程を繰り返すことによって、次年度にはさらによい援助ができる保育者として成長していけるのです。

4　楽しんで能動的に書きたいもの

指導要録は年度末に書かないといけませんが、「書かされるもの」ではなく、子どもの成長を確認するチャンスと捉え、「書きたいもの」にすることが理想です。こんなに子どもたちの育ちが見られてうれしいというように、喜びに満ちた気持ちで楽しく書きたいものです。

＼ 基本を認識しておこう ／
指導要録の様式と送付の流れ

指導要録は、公的な記録なので、
基本的に決められた様式にのっとって作成し、小学校へ送付します。
ここでは、どのようなルールがあるのかを確認しておきましょう。

様式

書式は行政で決められたフォーマットにのっとって作成します。学籍に関する記録と指導に関する記録（5歳児は、最終学年の指導に関する記録）の2つに分かれています。

学籍に関する記録

園に在籍したことを証明するためのものです。幼児本人や保護者の連絡先、入園、退園、修了の年月日などの基本情報をはじめ、各年度の担任、副担任の氏名なども記入します。原則として、入園時及び転園時、修了時に記入することになります。

この記録は、学校教育法施行規則第28条により、どの園でも20年間の保存を義務付けられています。

指導に関する記録

子どもが入園してから修了するまで、どのような指導を受けたのかを表す記録です。各学年でのねらいと、子ども一人一人の指導について特に重要視してきた事柄などを、ていねいに記入します。特に「指導上参考となる事項」にある情報は、次の指導者が最も参考にする欄でもあります。園には、学校教育法施行規則第28条により、5年間の保存が義務付けられています。

流れ

1つの園で保育を受けた子どもはもちろん、保護者の転勤などで何度も転園を繰り返した子どもに関しても、保育期間の長さにかかわらず、最終年度に在籍した園が小学校へ送付します。

第1章 指導要録を書く前に

1つの園で保育を受けた場合

A幼稚園

- 原本は園に保存する。
- 最終年度の抄本または原本の写しを作成し、進学先の校長へ送付する。

C小学校

- 園での子どもの育ちや、保育者の援助を知ることで、継続性のある教育に役立てる。

2つの園で保育を受けた(転園した)場合

A幼稚園（転出した園）

- 在園証明書を保護者に渡す。

B幼稚園（転入する園）

- 受け入れ後、転出した幼稚園に「転入園年月日」を知らせ、指導要録の写しを請求する。

A幼稚園（転出した園）

- 写しの請求を受けたら「転・退園」の年月日（園を去った日）を記入し、写しを作成して転入する園に送付する。
- 原本を保存する。

B幼稚園（転入する園）

- 転出した園から送付された写しに基づき、指導要録を作成し、写しと共に保存する。
- 転出した園の写しと転入する園の原本を保存する。
- 最終年度の抄本または原本の写しを作成し、進学先の校長へ送付する。
- 原本は園に保存する。

20年間保存する書類
「学籍に関する記録」の記入のしかた

子どもが園に在籍したことを証明するための「学籍に関する記録」。
住所や園名など、変更した場合に備えて、欄の下部に余白をとって記入します。

学籍に関する記録〈様式例〉
（出典：文部科学省ホームページ）

幼稚園幼児指導要録（学籍に関する記録）

年度 区分	平成　年度	令和1年度	令和2年度	令和3年度
学　級		さくら	すみれ	ばら
整理番号		13	15	14

A ←（学級・整理番号欄）

幼児
- ふりがな／氏名：なつめこうたろう　**夏目光太郎**
- 平成28年 6月14日生
- 性別：男
- 現住所：東京都世田谷区泉町123-2

保護者
- ふりがな／氏名：なつめ あきお　**夏目昭夫**
- 現住所：幼児の欄に同じ

B ←（幼児・保護者欄）

C	入　園	平成31年4月1日	入園前の状況	特記事項なし	G
D	転入園	令和　年　月　日			
E	転・退園	令和　年　月　日	進学先等	世田谷区立第三小学校 東京都世田谷区泉町135-4	H
F	修　了	令和　年　月　日			

I　幼稚園名及び所在地：学校法人若葉学園わかば幼稚園　東京都世田谷区泉町200-5

J　年度及び入園(転入園)・進級時の幼児の年齢	平成　年度 　歳　か月	令和1年度 3歳9か月	令和2年度 4歳9か月	令和3年度 5歳9か月
K　園　長 氏名　印		山口愛子㊞	山口愛子㊞	山口愛子㊞
学級担任者 氏名　印		山野由美子㊞	猪俣理英㊞	押田瑠美㊞

18

✽ 各欄の書き方 ✽

A 学級／整理番号

満3歳児保育を受けた場合は4つの欄を使いますが、そうでない場合は、右に寄せて記入します。

整理番号にきまりはありませんが、氏名の五十音順や生年月日順などがよく用いられています。転園した場合、そのまま欠番にしておきます。

【2年保育の場合】

2年保育の場合は、右に寄せて書きます。

年度 区分	平成　年度	令和　年度	令和2年度	令和3年度
学　級			すみれ	ばら
整理番号			4	6

B 幼児／保護者

現住所は、現在生活しているところを記入します。アパートやマンション名も省略せず記入します。保護者の住所欄は「幼児の欄に同じ」と略してもよいです。保護者が海外などに在住の場合、世話をしている人（後見人）の氏名、住所を記入します。

【現住所に変更があった場合】

二重線で消し、下に新住所を記入します。
変更があれば、そのつど訂正するようにします。

現住所	~~東京都世田谷区若葉1-31~~ 東京都世田谷区若葉5-23

【保護者の欄（後見人の場合）】

親権者以外の場合は、カッコ内に後見人であることを記入します。

保護者	ふりがな 氏　名	すずき こういち 鈴木浩一（後見人）
	現住所	東京都世田谷区若葉5-23

C 入園

公立幼稚園は、市区町村教育委員会が通知した日（原則として4月1日）、国立大学法人及び私立幼稚園の場合は、園が定めた入園の日を記入します。

D 転入園

他園から転入してきた場合は、その日を記入します。前園の名称と所在地、転園の理由などは、「入園前の状況」の欄に記入します。

E 転・退園

　転園した場合、公立幼稚園は「転園先の幼稚園が転入を許可した日の前日」「園長がそれを認めた日」など、市区町村教育委員会が定めた書き方で記入します。

　国立大学法人及び私立幼稚園は、園を去った日など、園で定めた日を記入します。転園先の名称や、退園の理由は、「進学先等」の欄に記入します。

F 修了

　公立幼稚園は市区町村教育委員会が定めた日（原則として3月31日）、国立大学法人及び私立幼稚園は、園で定めた修了の日を記入します。

G 入園前の状況

　保育所など集団生活の経験がある場合、名称、所在地、保育期間を記入します。転入園の場合は前園の名称、所在地、その理由を記入します。

　海外にいた場合も、その理由、国名、在住期間、園などの経験がある場合は、園名と所在地を記入します。

【保育所から転入園した場合】
保育所に入所した年齢、保育所名、転入園の理由などを記入します。

入園前の状況	両親が共働きのため、1歳3か月のときから、東京都世田谷区立たんぽぽ保育所（東京都世田谷区緑15-3）に入所。転居のため3歳3か月で転入園。

【海外にいた場合】
国名、海外在住期間、海外での通園状況などを記入します。

入園前の状況	父親の海外勤務のため、0歳6か月からイギリスに在住。3歳4か月から4歳2か月まで日本人幼稚園（ロンドン幼稚園 8 Holiday Avenue, East Finchley, London）に通園。

【転入園の場合】
転入園の理由、前園の名称、所在地などを記入します。

入園前の状況	3歳1か月で学校法人春野学園さくら幼稚園（大阪府枚方市大和1-21）に入園。父親の転勤のため、4歳2か月で転入園。

H 進学先等

　進学した小学校の名称と所在地を記入します。転園の場合は、転園先の名称と所在地、その理由を記入します。

【転園の場合】
転園先の名称、所在地、転園の理由などを記入します。

進学先等	父親の転勤のため学校法人やまびこ学園やまびこ幼稚園（神奈川県横浜市大倉山6-7-1）に転園。

I 幼稚園名及び所在地

公立幼稚園は、都道府県名から正式な園名を記入します。

私立幼稚園は、「学校法人○○学園○○幼稚園」というように正式な名称を記入します。

所在地も都道府県名から記入します。ゴム印等を使ってもかまいません。

【住所変更の場合】
旧住所を二重線で消し、下に新住所を記入します。

幼稚園名及び所在地	学校法人わかくさ学園ふたば幼稚園 ~~東京都世田谷区若葉335番地~~ 東京都世田谷区若葉東5-23

J 年度及び入園（転入園）・進級時の幼児の年齢

年度は、4月1日から3月31日にいたる学年の属する年度を記入します。例えば、令和2年4月1日から令和3年3月31日までの学年であれば、「令和2年度」と記入します。

年齢は、当該年度の4月1日における幼児の年齢を月齢まで記入します。例えば3歳児であれば、入園時の年齢は3歳9か月のように月齢も明記します。

K 園長氏名（印）／学級担任者氏名（印）

年度内に園長や担任が代わった場合は、そのつど後任者の氏名を併記し、年度末に園長、担任であった者が押印します。産休などで担任が一時的に代わる場合は、氏名を下段に記入し、その期間をカッコ内に記入して示します。担任は変更に備え、欄の上のほうに氏名を記入します。

複数の担任がいる場合は、氏名を列挙します。副担任の場合は（副担任）とカッコ内に記入します。

【副担任がいる場合】
担任の下に副担任の氏名を書き、カッコ内に副担任と記入します。

学級担任者 氏名　印		山田亜紀㊞ 今井圭子（副担任）	島本加奈子㊞	渡辺奈保子㊞

5年間保存する書類
「指導に関する記録」の記入のしかた

子どもが園でどのように生活し、保育者が何に配慮して関わってきたかを記録します。
子どもの発達の状況を捉え、子どもの中で向上が著しいものや、
継続した援助が必要な事柄などを次の担任の指導に役立つように記入します。
※必要に応じて元号を変更してください。

指導に関する記録〈様式例〉
(出典：文部科学省ホームページ)

●満3歳児〜4歳児用

●5歳児用

✱ 各欄の書き方 ✱

A 学年の重点

年度当初に園の教育課程に基づいて、この学年の1年間の指導の重点を決めます。この学年を担当するすべての保育者が話し合って決め、保育中も常に意識していることが重要です。

B 個人の重点

1年間を振り返り、その子どもに対して何を重点的に指導してきたかについて考え、記入します。一人一人の発達や個性に基づくので、内容はそれぞれ異なります。

C 指導上参考となる事項

ねらい（発達を捉える視点）や指導の重点に照らして、子どもが発達する姿について具体的に記入します。

年度当初の子どもの姿や、成長を促すために保育者がどのような援助をしてきたかということ、その結果子どもがどのような変容を見せたかということを、保育者の反省や評価を含めて記入していきます。

他の子どもと比較する必要はなく、あくまでも個人の伸びを捉えることが重要です。指導上で困難なことがあったとしても、子どもを否定的に捉えず、発達の過程であることを意識し、温かい目で受け止めます。うまくいかなかった援助についても書いておくと、次の指導者が指導していくうえで役に立つでしょう。最終年度には「10の姿」に照らして育ちの過程を記入します。

健康状態や家庭状況など、指導上で留意することがある場合は、この欄に記入します。

D 出欠状況

「教育日数」は、1年間に教育した総日数を記入します。休暇中の登園日など、教育課程に位置付けられている行事などは含まれますが、自由参加のプール遊びなどは含まれません。

満3歳で入園した子どもや転入園の子どもについては、入園時からの教育日数を記入します。

「出席日数」は、1年間に出席した総日数を記入します。早退や遅刻も出席として扱います。1日も出席していない場合は、「0」と記入します。

E 備考

欠席理由の主なものを記入します。伝染病などによる出席停止や忌引き、長期にわたる入院など、その日数と理由を記入します。

また、「教育課程に係る教育時間の終了後等に行う教育活動」に参加している場合には、そこでの姿を記入することもできます。

文例は4項目に分類
「指導上参考となる事項」本書での分類

「指導に関する記録」の左側に列記されている5領域のねらいは、子どもの発達を捉えるうえで大切な視点です。本書では、5領域を意識したうえで、さらに書きやすくするために、ひと工夫しました。

本書の文例は4項目に

本書では「指導上参考となる事項」の文例を5領域ごとではなく、「生活」「遊び」「友達」「興味・関心」の4項目に分けています。そのほうがありのままの子どもの姿を書き出しやすいからです。子どもの姿の中には様々な育ちが混在しています。その育ちをていねいに読み取るのが、5領域の視点になります。

「指導上参考となる事項」に書く内容は、5領域に分類する必要はありません。5領域から見た育ちを意識しながらも、子どものありのままの姿を記入し、そこから読み取れる育ちや、保育者の援助を書き込んでいくことが重要なのです。

この4項目には重なりがあります。「興味・関心」が「遊び」へとつながっていくこともよくあります。本書では、最も要素が強いと思われる項目に載せています。文例を活用するうえで参考にしてください。

「10の姿」をキーワードで確認

「幼児期の終わりまでに育ってほしい姿」の10項目の視点でも、子どもの姿を吟味します。自分が導いたその子の育ちは、「10の姿」のどの部分に相当するのか見極めるのです。「10の姿」は長文で記されている項目も多いので、キーワードを抽出しました。自分が捉えたことはどれに近いのか、という見方もできるでしょう。すべてを合致させる必要はありません。関わりがありそうだな、と意識することが大切なのです。

5歳児 みきちゃんの1年間を振り返ってみよう

第1章 指導要録を書く前に

健康

健康な心と体

自立心

豊かな感性と表現

みきちゃんの生活の姿を見てみると…
生活習慣はきちんとしており、洋服もていねいにたたむことができる。タオルをしまい忘れている友達に声を掛けるなど、自分でできることを見つけて進んで行動している。
健康＋人間関係＋環境

みきちゃんの友達との関係を見てみると…
友達に遊具を取られても、黙っていることが多かった。思いを伝えることの大切さを知らせ、一緒に言いに行くことを繰り返すうちに、自分から伝えられるようになった。
人間関係＋言葉

協同性

表現

人間関係

道徳性・規範意識の芽生え

みきちゃんの遊びの姿を見てみると…
「がらがらどんごっこ」ではトロル役になり「誰だー！」と周りがびっくりするほど大きな声が出せた。役になったことが、自分を解放することにつながった。
環境＋言葉＋表現

みきちゃんの興味・関心があるのは…
玉入れのかごを見つけると進んで投げ入れはじめた。ジャンプしながら投げたり、後ろ向きで投げたり様々な投げ方を工夫して楽しんだ。
健康＋環境

社会生活との関わり

言葉

環境

思考力の芽生え

言葉による伝え合い

数量や図形、標識や文字などへの関心・感覚

自然との関わり・生命尊重

指導要録 Q&A

記入について①

Q 指導要録は必ず作成しなくてはいけないのでしょうか？

A 法律で義務付けられています

学校教育法施行規則第24条により、必ず作成するよう義務付けられています。幼児一人一人に対して「学籍に関する記録」と「指導に関する記録」の2種類を作成し、どちらが欠けても成立しません。

Q 手書きの場合の注意点はありますか？

A ペンは黒または青で。修正液は使いません

黒または青色インクのペンやボールペンを使用します。消せるペンは使いません。

誤って書いてしまった場合は、修正液などを使用せず、二重線を引いて消し、訂正者の認印を押してから訂正します。訂正した事項に変更があった場合も、二重線を引いて消します。その場合は間違いではないので、訂正印は必要ありません。前に記入した文字が判読できるようにしておきます。

Q 自宅に持ち帰ってもよいのでしょうか？

A 職場で書き上げましょう

指導要録の記入は、職場で行うのが原則です。指導要録は公文書なので取り扱いには十分な注意が必要です。万が一なくしてしまったり、情報が漏れてしまったりすると取り返しのつかないことになります。

指導要録は職場で作成するという職員全体の共通認識のもと、職場で完成させられる環境をつくることが重要です。

Q 保管はどのようにすればいいでしょうか？

A 金庫に入れて保管するのがベスト

「学籍に関する記録」は20年、「指導に関する記録」は5年間保存しなければなりません。園の耐火金庫に入れておくことが望ましいでしょう。金庫に入れない場合でも、日光による退色がないようにします。指導要録は、いわば園児の個人情報です。関係のない者が勝手に見られる状態になっていないか、責任者がしっかりと管理しておくことが大切です。

第2章

指導要録へのまとめ方

\マンガで分かる/
日々の記録を指導要録へ

指導要録を作成するうえで欠かせないのが、日々の記録と個人記録です。
これらの記録を振り返り、子どもの育ちを読み取ることが
指導要録作成の大きな1歩となります。

STEP 1　1年間の援助を整理する

日々の記録

1年間の援助を振り返るために、日々の記録と個人記録を見直してみましょう。

7月11日（木）

時間	生活の流れ	子どもの姿と援助	環境の構成		個人メモ
9:00	○登園する ○好きな遊びをする ・ゴルフごっこ ・うちわ屋さん ・カレー屋さん ・製作 ・色水遊び	パターゴルフが人気。空き箱にラップ芯をつけてクラブをつくっている。粘着テープを補充。 しおり と れな がお客さん対応をやりたがりトラブル。しおり が「れな ちゃんばかりやっている」と涙目になる。れな は店の中でカレーをつくる役になる。しおり は「ありがとう」と言う。	材料用具 / 製作 / カレーや うちわや / ゴルフコーナー 色水コーナー / テラス	みく	プールではしゃぐ
				れな	カレー屋さん
			自由記述	りさ	色水づくり 混色を楽しむ
			いつも れな が「いらっしゃいませ」とお客さん対応をしているのだが、今日は しおり も自分を出し、れな に立ち向かった。今まで強い れな に押し切られ、ゆずっていたのだろう。勇気を出して「れな ちゃんばかりやっている」と言えたのは大きな成長だ。れな はプイと しおり に背を向けたが、保育者が「しおり ちゃんはどんな気持ちかな?」と問うと「じゃ、いいよ」と店へ入る。しおり が「ありがとう」と言うと背中を向けたままうなずいた。少しずつ人の気持ちに気付き、両者とも楽しめる道を探してほしいと願う。	こうた	クラブをつくる
10:30	○片付ける ○プール遊びをする ・流れるプール ・貝拾い	しん は風邪のため、水鉄砲で的あてを楽しむ。		しん	風邪 せき
				みほ	うちわ屋さん
				しおり	れなとトラブル
				かな	うちわのつくり方を話す
14:00	○帰りの会 ・絵本『わんぱくだんのかいていたんけん』を見る	楽しかったことの発表では、うちわ屋さんの みほ と かな がデカルコマニーのおもしろさを話した。			

個人記録

【ゆり組　山口れな】

1学期	4／10	ウサギ当番を張り切って行う。包丁を使い野菜を切る。
	6／17	雨の日探検隊になり、クモの巣に雨だれが付いている様子やカタツムリの動きなどをよく観察した。
	7／11	カレー屋のお客さん対応をめぐって、しおり とトラブル。相手の気持ちを考えるよう助言すると、ゆずることができた。
2学期	9／4	夏休みの発表会で、貝がらでつくったオブジェを見せながら、沖縄に行った体験を分かりやすく話した。
	10／2	応援団になり、ポンポンを振りながらダンスをした。友達と一緒に活動することに喜びを感じている。
	12／10	はると と紙芝居づくり。ウサギのうーを主人公に冒険するお話を考え、絵と文を分担してかいている。相談して進めることができるようになった。
3学期	1／12	かるたを読む役を好む。やりたい子が来ると交代で読むことを提案する。
	2／3	豆まきで鬼の登場に怖がる3歳児に「大丈夫だよ」と優しく接していた。
	3／2	ひなまつりの姫になりきり、「わらわは〜つかまつる」と昔言葉を楽しみ友達と笑い合った。

STEP 2 援助から子どもの育ちを見る

STEP 3 5領域と「10の姿」から育ちを見る

学期ごとに5領域と「10の姿」の視点で見てみましょう。

一つの活動でも、視点を変えるだけで様々な発達が見えてきますね！

1学期の姿　カレー屋さんへの取り組みから

健康
明るく伸び伸びと安定感をもって行動した。　健康

人間関係
相手の気持ちに気付き、抗議を受け入れ、ゆずることができた。　規範

環境
色画用紙や牛乳パックを活用し、カレーやスプーンをつくり出す。

言葉
「いらっしゃいませ」「おいしいカレーいかがですか」「辛いのもありますよ」など、お店の人にふさわしい言葉を使う。　言葉

表現
できたてのカレーを持ち、「熱いから気を付けて」と耳たぶに指をあてる。

2学期の姿　紙芝居づくりから

健康
保育者や友達とふれあい、安定感をもって行動した。

人間関係
友達の考え方ややりたいことも受け止めて、役割分担をした。　協同

環境
世話をしてきたウサギのうーを題材にし、ケガのエピソードや実体験をストーリーに取り入れた。　自然

言葉
友達と相談しながらストーリーを考え、ひらがなで書き合った。　数・字

表現
大きな声ではっきりと紙芝居を読み進め、悲しい場面は悲しそうに、うれしい場面は喜びを生き生きと表現した。　表現

子どもの育ちをチェックする窓ね。

STEP 4 指導要録へ記入する

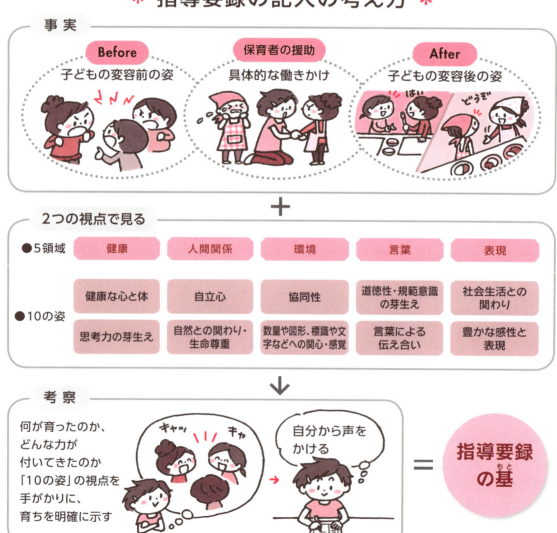

5領域と「10の姿」の視点と、保育者の援助などを意識して記入していくことが重要よ。

具体的に目に浮かぶようにね。

【指導要録／山口れな 5歳児の場合】

指導の重点等	令和 ○ 年度
	（学年の重点） 友達と互いに認め合い、力を合わせて主体的に園生活を進める。
	（個人の重点） 相手の思いに気付き、自分も相手も満足できる方法を考えて行動する。

指導上参考となる事項

　何に対しても意欲があり、積極的に取り組むことができる。7月にカレー屋をしていたとき、友達もお客さん対応をしたかったのにずっとやり続けていた。「相手はどんな気持ちかな?」と問うと、少し考え場をゆずってくれた。相手もやりたい気持ちをもっていることに気付き、折り合いをつけられたのだろう。 `規範`

　12月の紙芝居づくりでは、友達の思いや考えにも耳を傾け、みんなで力を合わせてつくり、3、4歳児に見せたいという共通の目的をもって活動した。自分一人で決めるのではなく、相談することができるようになったことは、大きな成長である。 `協同`

　3月のひな祭りの遊びでは、平安のお姫様のことをよく調べ、十二ひとえや雅な言葉などにも興味をもった。仲間と共に工夫して遊び、心のつながりを深めていった。 `表現`

ようやくできた!

小学校でも役に立つ記録になったわね。

相手の気持ちに気付かせる援助をしたことが伝わります。

10の姿「協同性」が育つ活動であったことが読み取れます。

何が育ったと保育者が捉えているかを、しっかりと書きます。

関心をもった対象について詳しく書いてあります。充実した暮らしぶりがうかがえます。

押さえよう！
指導要録の文章のポイント

指導要録を記入するときに大切なのが、言葉の使い方。ここでは読み手に誤解を与えることなく、子どもの姿が伝わりやすい6つのポイントを紹介します。

長所ではなく今年度伸びた点を書く

指導要録に求められるのは、子どもの長所を並べることではなく、子どもが園でどんな経験をして、どんな成長があったのかを伝えることです。

POINT

✗ NG文例
いつも元気でやる気がある。
歌が得意で大きな声で歌える。

○ GOOD文例
歌が好きで、発表会では指揮者に立候補し客席からの拍手をもらい、自信を深めた。友達の歌声に合わせることにも意識が向くようになった。

第2章 指導要録へのまとめ方

ポイント **2**

短所と思われる点も発達の過程として捉える

「落ち着きがない」「気が短い」などの課題が残る点も、発達の過程として捉えることで、次の援助につながるように記入しましょう。

POINT

❌ **NG文例** 落ち着きがなく、人の話を最後まで聞けない。

⭕ **GOOD文例** 話の途中で離席することがあったので、保育者の近くに座るようにしたり顔をのぞきこんで話したりした。3学期には、絵本を最後まで聞けるようになった。

年齢にとらわれずに その子なりの育ちを見る

指導要録は、その子自身の育ちを記入することが大切です。同年齢の平均や理想の姿と比較せず、その子の成長の段階として伝えましょう。

POINT

 NG文例 　まだ、一人で遊んでいることが多い。

 **GOOD文例** 　一人での遊びが多いので、友達と遊ぶ楽しさに気付けるように援助してきた。今後も継続した援助が必要である。

ポイント4 その子の姿が思い浮かぶよう具体的に書く

子どもの姿を表す印象的なエピソードなどは、会話や子どもの表情なども交えながら、読み手にイメージが伝わるよう具体的に記入します。

POINT

✕ NG文例 自分から積極的に遊びに関わる姿が見られる。

◯ GOOD文例 フィンガーペイントなど、保育者が準備したコーナーに興味をもって意欲的に取り組む。友達の遊びにも自分から「入れて」と積極的に関わる。

ポイント 5

保育者が主体となる「～させる」は使わない

「～させる」という表現は、保育者中心のような印象を与えてしまいます。子ども自身がどのように行動したのかを伝える表現にしましょう。

POINT

 使ったものの片付けがなかなかできなかったので、運ぶものを手に持たせ、背中を押して片付けさせた。

 使ったものを片付けようとしなかったので、運ぶものを見せ、どこにしまうのかを尋ねたところ、自分で持って行くようになった。

ポイント 6

「〜してくれる」「〜してもらう」は使わない

「〜してくれる」「〜してもらう」という言葉も、保育者が主体の表現なので注意が必要です。子ども主体の表現を念頭に置きましょう。

POINT

 お店屋さんごっこで、たくさんの材料や用具を使用した際、進んで掃除してくれた。

 お店屋さんごっこで、たくさんの材料や用具を使用した際、進んでほうきではいたり、同じ種類のものを集めたり、翌日も続きができるように片付けた。

第3章

「10の姿」キーワード・文例

幼児期の終わりまでに育ってほしい姿

「10の姿」キーワード文例集の活用法

「10の姿」を示す文章には、いろいろな要素が詰まっています。
一読しただけでは理解しにくいため、短いキーワードで要素を取り出しました。
そのキーワードを具体的な場面で表現した文例を掲載しています。ご活用ください。

「幼児期の終わりまでに育ってほしい姿」は長い文で示されているので、どのような内容を指し示しているのかを、まず理解する必要があります。1つ1つの姿を示す文を読みくだき、文に盛り込まれている要素を分かりやすくキーワードで示しています。そして、そのキーワードはどのような子どもの姿のことなのかを、具体的な場面の文例で掲載しました。

指導要録に書きたい育ちの場面をあげたら、それが「10の姿」のどの項目に当てはまるのか、姿を示す文章のどの部分に近いことなのかを確認します。そして、キーワードを使いながら、その子の育ちの過程と自分の行った援助を記述してください。

また、育ちのシーンが思い浮かびづらい場合、文例を読みながら、似たような出来事がなかったか考えてみてください。きっと、ひらめきが訪れるはずです。

[幼児期の終わりまでに育ってほしい姿（10の姿）]

- 健康な心と体
- 自立心
- 協同性
- 道徳性・規範意識の芽生え
- 社会生活との関わり
- 思考力の芽生え
- 自然との関わり・生命尊重
- 数量や図形、標識や文字などへの関心・感覚
- 言葉による伝え合い
- 豊かな感性と表現

指導要録にまとめようとする文章を考えたら、「10の姿」でも読み取ってみる

① 本書の4項目「生活への取り組み」「遊びの傾向」「友達との関係」「興味・関心」から子どもが育ったと思う場面を書いてみる。

たけるくんの育ちがまとめられたわ。
次は「10の姿」で確認ね

② 【「10の姿」キーワード・文例】を見ながら、子どもの姿を確認する。

幼稚園教育要領の「第1章　総則　第2　幼稚園教育において育みたい資質・能力及び『幼児期の終わりまでに育ってほしい姿』」を掲載。

ポイントとなる項目をキーワードで掲載

キーワードに対する具体的な文例

第3章　「10の姿」キーワード・文例

③ 文例からその子どもに近い姿を見つけたら、参考にしながら文章を考える。

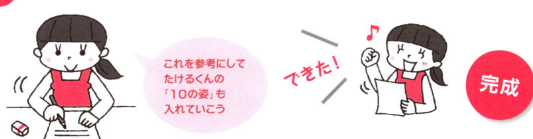

これを参考にしてたけるくんの「10の姿」も入れていこう

できた！

完成

45

10の姿 … 幼児期の終わりまでに育ってほしい姿

1. 健康な心と体

条文　幼稚園生活の中で、充実感をもって自分のやりたいことに向かって心と体を十分に働かせ、見通しをもって行動し、自ら健康で安全な生活をつくり出すようになる。

［キーワード］　　　　　　　　　　　［文例］

充実感をもって活動する
　長縄跳びを、はじめは1回跳ぶだけで精一杯だったが、やっているうちにコツをつかみ、充実感を覚えながら30回以上跳べるようになった。

自分のやりたいことに向かう
　ダンスが好きで、新しい曲に出合うと自分で振り付けを考え、友達や保育者に見せて楽しんでいる。

心を十分に働かせる
　助け鬼では、友達を助けることに興味をもち、鬼が見ていないところを忍者のように通って友達に目配せをしながらタッチした。

体を十分に働かせる
　エンドレスリレーに意欲的に取り組み、走者の足りなくなったチームに進んで入り、汗をたくさんかきながら力いっぱい走っていた。

見通しをもって行動する
　秋の遠足の2日前、それまでサッカーに熱中していたが、「そろそろ、どんぐりを入れるための袋をつくらなくちゃ」と取り組んだ。

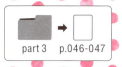

part 3　p.046-047

[キーワード]　　　　　　　　　[文 例]

健康な生活
風邪を引かないように、活動の節目にうがいを進んで行う。10秒以上はガラガラして気を付けている。

安全な生活
正しい椅子の持ち方や座り方を心がけ、自分も周りの人もケガをしないようにしている。

生活習慣の自立
朝の活動や降園の支度を手早くすることができ、遅い人のタオルや忘れている帽子などを友達に届けている。

身の回りの整理
整理棚の中のクレヨンやはさみ、のりなどをいつもきちんと整とんし、使いやすくしている。

清潔に関する習慣
鼻水が出ると、ティッシュペーパーをていねいにたたみ、指で鼻の穴を片方ずつ押さえながら適切に鼻をかむことができる。

食に関する習慣
好き嫌いなく何でもおいしそうによくかんで食べている。「いただきます」「ごちそうさま」のあいさつも、心をこめて言える。

食に関する習慣
箸を正しい使い方で使用することができる。小さな豆なども器用につまむ。

10の姿 … 幼児期の終わりまでに育ってほしい姿

2. 自立心

条文 身近な環境に主体的に関わり様々な活動を楽しむ中で、しなければならないことを自覚し、自分の力で行うために考えたり、工夫したりしながら、諦めずにやり遂げることで達成感を味わい、自信をもって行動するようになる。

［キーワード］　　　　　　　　　　　［文　例］

主体的に関わる ── 園に来たお客さんに自分からあいさつし、園内や自分のしている遊びを積極的に教える。相手が喜ぶことを、うれしく思って関われる。

しなければならないことを自覚 ── 友達に「早くサッカーをやろう」と誘われても、「歯みがきをしてからでないと行けない」と告げ、やり終えてから向かった。

自分の力で行う ── 毛糸の指編みに苦戦し、友達に「やってあげようか」と言われても「自分でやりたいから」とあきらめず、自分のあやとりをつくりあげた。

自分で考える ── 運動会のはじめの言葉をどのように言ったらみんなのやる気が高まるか、自分で考えて、大きな声で話した。

工夫する ── 劇遊びで忍者になり、忍者屋敷の壁がくるりと反対向きになる仕掛けを工夫し、友達と一緒につくりあげた。

[キーワード] [文 例]

やり遂げる — マフラー編みを楽しみ、毛糸の色を替えながら何日もかけて、美しいマフラーを編みあげて誇らしそうだった。

達成感を味わう — 友達が逆上がりをするのを見て挑戦し始めた。だんだん足が上がるようになり、1週間後にはくるりと回れて達成感を味わった。

自信をもって行動する — 5歳児であるという自覚が生まれ、年下の子どもへの接し方が優しく自信にあふれている。

人と関わる力 — 相手の表情や行動から遊びに入りたい思いを感じ取り、「やりたいなら、この列に並ぶといいよ」と連れて行った。

支え合う生活 — 長い大型箱積み木の片側を友達が持とうとすると、すっと反対側を持ち、力を合わせて運んでいる。

粘り強く取り組む — 空き箱で3階建ての家をつくる際、3階部分が落ちそうだったが、あきらめず補強し続けて完成し、満足感を味わった。

粘り強く取り組む — 友達のように跳び箱5段が跳びたくて、うまくいかなくてもあきらめず、毎日挑戦し続けて、とうとう跳べるようになった。

10の姿 … 幼児期の終わりまでに育ってほしい姿

3. 協同性

 友達と関わる中で、互いの思いや考えなどを共有し、共通の目的の実現に向けて、考えたり、工夫したり、協力したりし、充実感をもってやり遂げるようになる。

［キーワード］　　　　　　　　　　　［文 例］

友達と考えを共有する
— 輪ゴムで跳ぶピョンピョンガエルをつくった後、友達とカエルのおうちもつくってあげようと考えを出し合って相談した。

共通の目的
— 紙芝居をつくって年下のクラスを招待したいという共通の目的をもち、協力して活動を進めた。

協力する
— 劇遊びのレンガの家をつくるために牛乳パックが大量に必要なことが分かり、周りに呼びかけてたくさん集めることに協力した。

協力する
— 砂場でのダムづくりで、水を運ぶ友達の姿を見て「手伝うよ」とバケツを持った。力を合わせて水路をつくり、放流を共に楽しんだ。

充実感をもってやり遂げる
— クラスみんなでつくりあげたお祭り広場に、園中の子どもが来て楽しんでくれたことに充実感を感じ、やり遂げた喜びを味わった。

part 3　p.050-051

[キーワード]　　　　　　　　　[文 例]

キーワード	文例
一緒に活動する楽しさ	グループですごろくをつくり、一人ではできないことも数人で一緒に活動することで、楽しくやり遂げられることを感じた。
友達と相談しながら工夫する	大きな恐竜をつくった際、お客さんが顔を出して写真を撮れるようにしたいと考え、相談しながら顔の部分をくり抜く大きさを加減した。
それぞれの力を発揮する	おばけ屋敷で、おばけに扮して箱から出る際、お客さんが来たらフタを3回たたく合図をするよう頼み、大成功をおさめた。
共同作業を楽しむ	作品展に向け、水族館の入り口にスズランテープをさいた飾りを付けたいと考え、友達と会話を楽しみながらつくった。
役割分担	クラスで作品展をする際、案内役を希望し、お客さんたちを親切に案内した。
目的をもってやり遂げる	みつばちの巣を力を合わせてつくろうと、段ボールの輪をつなぎ合わせて3日かけて完成させた。
目的をもってやり遂げる	園内パトロール隊のバッジを友達と考え、自分でつくって胸に付けると、張り切ってパトロールに出かけている。

第3章　「10の姿」キーワード・文例

10の姿 … 幼児期の終わりまでに育ってほしい姿

4. 道徳性・規範意識の芽生え

条文

友達と様々な体験を重ねる中で、してよいことや悪いことが分かり、自分の行動を振り返ったり、友達の気持ちに共感したりし、相手の立場に立って行動するようになる。また、きまりを守る必要性が分かり、自分の気持ちを調整し、友達と折り合いを付けながら、きまりをつくったり、守ったりするようになる。

[キーワード]	[文例]
してよいことや悪いことが分かる	すべり台の順番待ちの列に並ばず、横入りした友達に、「後ろに並ぶんだよ」と優しく教えた。
行動を振り返る	わざとではないが、後ろへ下がった拍子に友達の足を踏んで泣かせてしまった。黙っていったん離れたが、考えて戻ってきて「ごめんね」と言った。
きまりの必要性が分かる	内履きのまま園庭で遊んでいた3歳児に、脱いで裏を見るように促し、「ほらね。汚れちゃったら中に入れないよ」と教えていた。
自分の気持ちを調整する	使いたかった竹馬をタッチの差で友達に取られ、悔しい気持ちを鉄棒にぶつけ、何度も前回りをして心を落ち着けた。
友達と折り合いを付ける	箱積み木で宇宙基地をつくる過程で、立方体の積み木が必要になった。他の遊びで4つ使っていたので相談をもちかけ、他の形の積み木と交換してもらった。

［キーワード］	［文例］
きまりをつくる	ドッジボールで、同じ人ばかりが外野から投げていたので、「2回投げたら、次は他の人にゆずる」を提案し、認められた。
きまりをつくる	金魚のエサを与えすぎて、水槽の水が汚れた際、「やりたい人は10時に来て1日1回にする」と考え、みんなの合意を得た。
きまりを守る	急いでトイレから出て遊びに戻ろうとしていたが、「あっ」と気付いて振り返り、スリッパを揃え直してから戻った。
きまりを守る	かるたの読み手が人気だった際、「3枚読んだら次の人に交代だよね」と言って、読み札を次の人に渡した。
生命尊重の心情	しおれかけた花壇のスミレの花を見て、「かわいそう」とつぶやき、じょうろで水をやった。
思いやりの気持ち	泣いている友達に、「大丈夫?」と言って近づき、ハンカチを手渡して心配そうに顔をのぞきこんだ。
基本的な生活習慣	持ち物の始末や朝の活動などを、きめられた通りにいつもきちんと行っている。

10の姿 … 幼児期の終わりまでに育ってほしい姿

5. 社会生活との関わり

条文　家族を大切にしようとする気持ちをもつとともに、地域の身近な人と触れ合う中で、人との様々な関わり方に気付き、相手の気持ちを考えて関わり、自分が役に立つ喜びを感じ、地域に親しみをもつようになる。また、幼稚園内外の様々な環境に関わる中で、遊びや生活に必要な情報を取り入れ、情報に基づき判断したり、情報を伝え合ったり、活用したりするなど、情報を役立てながら活動するようになるとともに、公共の施設を大切に利用するなどして、社会とのつながりなどを意識するようになる。

[キーワード]	[文例]
家族を大切にする	折り紙で箸置きをつくった際、「お父さんとお母さんとお兄ちゃんの分もつくる」と張り切り、大事に持ち帰った。
地域の人と触れ合う	散歩の際に、「こんにちは」と出会う人みんなに明るく声をかけ、言葉をかけられるとうれしそうにしていた。
役に立つ喜び	友達がテーブルを運ぼうとしていたとき、「こっち持つよ」と言って片方を持ち上げた。「ありがとう」と言われ、うれしそうだった。
遊びに必要な情報を取り入れる	ごっこ遊びをしていて、「バスの運転手さんは、こう言ってた」と、友達とアナウンスのまねをして楽しんだ。
生活に必要な情報を取り入れる	トマトが苦手な友達に、「リコピンっていう栄養が、パワーをくれるよ」と伝え、一緒にパクッと口に入れて微笑みあった。

［キーワード］	［文 例］
情報に基づき判断する	ホールで他クラスの劇遊びが始まった際、のぞきに行き、「小さい組でいっぱいだから、今日は見るのやめておこう」と話し合った。
情報を伝え合う	「隣のクラス、インフルエンザの人が2人だって」と伝え、予防をしようと、手洗いとうがいを呼びかけた。
情報を役立てる	「セミは一週間しか生きられない」と知り、捕まえたセミを逃がし、「精一杯、生きろよ」と見送った。
公共の施設を利用する	プラネタリウムを見に行った際、次に見る人が気持ちいいようにと、上げていない座席を上げて回った。
社会とのつながり	電車に乗った際、車掌さんがホームを点検したり、安全を確認する後ろ姿を見て、電車に乗れるのは多くの人のおかげであることを知った。
高齢者との関わり	高齢者施設へ行った際、高齢者と1対1で関わり握手をし、自分の祖父母とはまた違う雰囲気やよさを知り、親しみをもった。
小学生との関わり	小学校訪問で、1年生の教室で名前を書いた際、世話をしてくれた人に親しみをもち、小学校へ行くことを楽しみにしている。

6. 思考力の芽生え

10の姿 … 幼児期の終わりまでに育ってほしい姿

条文 → 身近な事象に積極的に関わる中で、物の性質や仕組みなどを感じ取ったり、気付いたりし、考えたり、予想したり、工夫したりするなど、多様な関わりを楽しむようになる。また、友達の様々な考えに触れる中で、自分と異なる考えがあることに気付き、自ら判断したり、考え直したりするなど、新しい考えを生み出す喜びを味わいながら、自分の考えをよりよいものにするようになる。

[キーワード] / [文例]

物の性質を感じ取る
- 実験を繰り返しながら、たらいの水の中で牛乳パックや木片は浮き、石やクリップは沈むという、物の性質を感じ取っている。

物の仕組みを感じ取る
- ゴムのプロペラ式の船をつくり、ねじれたゴムが戻ろうとする力でプロペラが回って船が進むことを知った。

物との多様な関わり
- 花びらから色水をつくる際、手でもんだり、すり鉢を使ったり、花びらの量を考えて、濃さを加減した。

自分と異なる考えに気付く
- お面を運ぶ際に、自分はカゴに入れて運んでいたが、友達はお面のわっかにひもを通して結んで運んでいて、こんな方法もあるのかと驚いた。

判断する
- ハンバーガー屋さんごっこで、今日はお客さんが多そうだと判断し、店頭に立つ人を2人にしようと相談した。

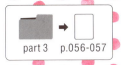

[キーワード]	[文例]
考え直す	段ボールの家がすぐ倒れてしまうので、しっかり立つように旗立て台を置いて固定するよう考え直した。
よりよい考えを生み出す	段ボールにひもをガムテープで貼っても、少し引っぱると取れてしまう。穴を開けてひもを通して結ぶと取れないと考えた。
自分なりに考える	砂場まで水を運ぶ際、1リットルのペットボトルに入れていたが、バケツのほうが水を入れやすいと考え、切り替えた。
自分なりに考える	助け鬼では、鬼に見つからないように隠れながら、仲間にタッチして逃がす方法を考えて楽しんだ。
関連付けて考える	3歳児をお店に呼びたかったが、今日は親子活動があり、明日は身体測定であることを考え、明後日に来てもらうよう準備した。
試す	寒い朝に氷が張ることを発見し、お菓子の缶やままごと道具などに水を入れて庭に置き、氷ができるか試した。
比べる	前に編んだあやとり用のひもは短くてやりにくかったため、次は長めにつくろうと、途中で比べながら編み進めた。

10の姿 … 幼児期の終わりまでに育ってほしい姿

7. 自然との関わり・生命尊重

条文　自然に触れて感動する体験を通して、自然の変化などを感じ取り、好奇心や探究心をもって考え言葉などで表現しながら、身近な事象への関心が高まるとともに、自然への愛情や畏敬の念をもつようになる。また、身近な動植物に心を動かされる中で、生命の不思議さや尊さに気付き、身近な動植物への接し方を考え、命あるものとしていたわり、大切にする気持ちをもって関わるようになる。

［キーワード］ ／ ［文例］

自然の変化に気付く
- サクラの木の花が散った後に葉がしげり、秋には紅葉して散るという変化に気付き、季節を感じた。

身近な事象への関心
- 雨が降ると園庭の様子が一変することへ興味をもち、水たまりにしずくが落ちる様子をじっと観察している。

自然への愛情
- 育てているヒヤシンスの茎が伸びていくことを喜び、根が容器いっぱいに広がる様子を楽しみ、大切に見守っている。

自然への畏敬の念
- 照りつける太陽の偉大なエネルギーを感じ、洗濯物を乾かしたり、日焼けさせたりすることに畏敬の念をもっている。

生命の不思議さ
- 青虫がさなぎを経てチョウになる様子を観察し、生命の不思議さを感じている。

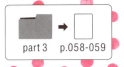

［キーワード］ ／ ［文 例］

生命の尊さ
飼っていたウサギが死んだことを受け止め、二度と生き返ることはないと実感し、生命の尊さに気付いた。

身近な動植物を大切にする
ダンゴムシが好きで、たくさん捕まえて喜んでいたが、命があることを知り、元の場所へ帰すようになった。

身近な動植物を大切にする
ヒヤシンスの根に光が当たらないように気を付け、友達にも「暗いところで見てね」と伝えている。

身近な動植物に関わる
カイコが旺盛な食欲でクワの葉を食べる様子に目を見張り、進んで葉を取り替えている。

様々な生き物との出合い
いも掘りの途中で、大きなミミズを見つけて驚いたが、おもしろい動きにじっと見入っていた。

厳しい自然を知る
絵本を通して、南極では想像もつかない寒さであることを知り、基地で働く人に思いを寄せた。

自然の美しさ
雨上がりに雑木林で見つけたクモの巣が、レースのように美しいことに感動していた。

10の姿 … 幼児期の終わりまでに育ってほしい姿

8. 数量や図形、標識や文字などへの関心・感覚

条文 遊びや生活の中で、数量や図形、標識や文字などに親しむ体験を重ねたり、標識や文字の役割に気付いたりし、自らの必要感に基づきこれらを活用し、興味や関心、感覚をもつようになる。

［キーワード］　　　　　　　　　　　［文例］

数量に親しむ
ままごと遊びで、家族４人分の箸を数え、２本ずつセットした。

図形に親しむ
生活の中の図形探しに意欲的に取り組み、丸は、ごみ箱の底、ガムテープ、電球など、たくさん見つけた。

標識に親しむ
園に来るまでの道で「止まれ」「横断歩道」「踏切」などの標識を見つけ、絵に描いてみんなに知らせた。

文字に親しむ
「すしや」の看板の文字を書きたくて、名前にその文字が入っている友達を思い浮かべ、ロッカーの名札のひらがなを見ながら書いた。

標識の役割に気付く
狭い道では、歩く人の安全のために「一方通行」になっていることを知り、散歩の際に年下の子へ教えた。

part 3　p.060-061

［キーワード］	［文 例］
文字の役割に気付く	つくりかけの砂山トンネルに、「こうじちゅう」と書いておくことで、みんなに伝わることを知った。
標識に関心をもつ	標識には、青と赤と黄のグループがあることに気付き、通園時に見かけるものの数を数えて比べている。
文字に関心をもつ	ひらがなとカタカナの違いに気付き、「か」の「、」がないのが、カタカナの「カ」であることをおもしろがって友達に伝えた。
数量を活用する	栽培しているミニトマトがいくつ実ったか、表に赤い丸シールを貼り、数を書くことを楽しむ。
図形を活用する	ピザをいくつに分けて切ったら、クラス全員で食べられるか、何枚つくるとちょうどよくなるのか、図を描きながら考えた。
標識を活用する	温泉ごっこの際、マークがあるとすぐ分かってもらえると考え、大きな温泉マークの看板をつくった。
文字を活用する	クラスで手づくりかるたをつくる際、自分の名前にある「ね」の字が付く言葉をたくさん集め、楽しい読み札を書きあげた。

第3章　「10の姿」キーワード・文例

10の姿 … 幼児期の終わりまでに育ってほしい姿

9. 言葉による伝え合い

 条文　先生や友達と心を通わせる中で、絵本や物語などに親しみながら、豊かな言葉や表現を身に付け、経験したことや考えたことなどを言葉で伝えたり、相手の話を注意して聞いたりし、言葉による伝え合いを楽しむようになる。

[キーワード]　　　　　　　　　　　[文例]

キーワード	文例
絵本に親しむ	絵本が好きで、保育者が読み聞かせた絵本をもう一度手に取り、一人でじっくり読んだ。
物語に親しむ	「エルマーのぼうけん」が好きで、エルマーになった気分で園庭探検を楽しんだ。
豊かな言葉を身に付ける	レストランごっこで店の人になりきり、「何名様ですか」「少々お待ちください」と聞いた言葉を取り入れて使った。
豊かな表現を身に付ける	「すごい」と言った後、「とてつもなくカラフルなところが、すごい」と言い直して笑った。
経験したことを伝える	家族と水族館へ行って見たことや感じたことを、友達に分かりやすく伝えた。

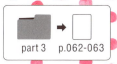

[キーワード] [文例]

考えたことを伝える ― 運動会でやりたい種目を相談する際、一本橋と鉄棒を組み合わせ、最後にすべての用具を一周走ることを提案した。

相手の話を注意して聞く ― 声の小さい友達が自分の経験を努力して話していた際、うなずきながらしっかりと受け止めていた。

伝え合いを楽しむ ― 帰りの会で、今日の遊びの様子を友達が話すのを聞き、自分の知っていることも伝え、楽しさを共有している。

言葉に対する感覚を豊かにする ― 「ボヨヨーン」と「ビヨヨーン」をおもしろがり、ふくらむのは「ボヨヨーン」、伸びるのは「ビヨヨーン」と感じたことを話す。

言葉の楽しさに気付く ― 「ビル」を伸ばすと「ビール」、「ちず」は「ちーず」になることを知り、身近な言葉を伸ばして楽しんだ。

言葉の美しさに気付く ― 絵本で出合った「ごきげんよう」という言葉が気に入り、出会ったときや別れるときに笑顔で使っている。

文字で伝える楽しさ ― はがきをもらったうれしさから、自分も書こうと五十音表を見ながら返事を書くことを楽しんだ。

10の姿 … 幼児期の終わりまでに育ってほしい姿

10. 豊かな感性と表現

条文 心を動かす出来事などに触れ感性を働かせる中で、様々な素材の特徴や表現の仕方などに気付き、感じたことや考えたことを自分で表現したり、友達同士で表現する過程を楽しんだりし、表現する喜びを味わい、意欲をもつようになる。

［キーワード］　　　　　　　［文例］

様々な素材の特徴に気付く
レストランの看板を、細いペンで塗っていた友達に、「クレヨンのほうがいいよ」と教え、一緒に塗り始めた。

様々な表現の仕方に気付く
風の身体表現を行った際、友達の台風の表現から、荒々しい風を表すやり方もあるのだと気付いた。

感じたことを表現する
いも掘りの後、絵を描いたところ、サツマイモの大きさや、土のゴリゴリした感じを筆の太さを使い分けて表現した。

考えたことを表現する
縄跳びで、「しゃがみ跳び」や「えびさがり跳び」など、おもしろいオリジナルな跳び方を考えて友達と楽しんだ。

友達同士で表現する
妖精の役になり、音楽に合わせて妖精らしいダンスを友達と考え、みんなの前で発表することを楽しんだ。

[キーワード]	[文例]
表現する過程を楽しむ	クレヨンの上に絵の具を塗るはじき絵で、クレヨンが浮き出ることを喜び、「ンー、バア」と言いながら楽しんだ。
表現する喜びを味わう	土粘土に全身で関わり、友達と一緒に大きな家をつくりあげ、共に喜び合った。
表現する意欲をもつ	ステージごっこで、マイクを持って一人で歌うことに意欲をもち、何度もエントリーして歌った。
素材の違いに気付く	折り紙やコピー用紙、包装紙、厚紙など、いろいろな素材の違いに気付き、紙飛行機にはこれ、カバンにはこれ、と使い分けている。
イメージを豊かにする	雨の日の雲の上をイメージしたところ、たくさんの妖精が雨のしずくを工場でつくる楽しい絵を描いた。
イメージを動きで表現する	ロボットになりきった際に、直角に曲がったり、カクンカクンと手足を動かしたりなど、自分のもつイメージを表していた。
演じて遊ぶ楽しさ	忍者になることを楽しみ、歩き方や言葉づかいなど、なりきって遊ぶ楽しさを味わった。

第3章 「10の姿」キーワード・文例

指導要録 Q&A

「10の姿」について

Q 5歳児の要録は「10の姿」の項目ごとに書いてはいけないのでしょうか？

A キーワードを使いながら、総合的に書きます

「10の姿」を頭に入れて、子どもの姿をまるごと捉えます。項目ごとに書くと、その姿に子どもを追い込んでしまう危険性があります。何が育ったのかを見極めて、総合的に記述しましょう。

Q 要録には「10の姿」すべてを網羅しなければ、いけませんか？

A すべて網羅する必要はありません

園では子どもが主体的に生きていくための基礎を育て、発達に必要な経験を重ねながら、大きく成長してきたはずです。その成長した部分が「10の姿」のうち、どの項目なのかを見極め、それについて詳しく書きます。保育者のどのような援助によって、どんな姿になったのかを具体的に記します。こま切れの断片の姿では、育ちを十分に伝えることはできないでしょう。

Q 「5領域」と「10の姿」の違いに混乱しています。何が違うのでしょう？

A 「10の姿」は、幼児期の終わりの姿です

5領域の「ねらい」は、幼児期に育みたい資質・能力を、幼児の生活する姿から捉えたものです。その中で、5歳児後半に育まれてくる姿を10項目にまとめたものが、「幼児期の終わりまでに育ってほしい姿」となります。日々の保育ではこの「10の姿」を具体的にイメージしながら援助をしていく必要があるでしょう。

Q 保護者へ「10の姿」を説明する際、どう話せばいいのでしょうか？

A 過度に心配しないよう配慮します

5歳児の3月までに、この「10の姿」が育っていなければならない、という伝え方をすると保護者は動揺するでしょう。小学校へ行って困るのでは、と心配にもなります。具体的な現在の子どもの生活や遊びの姿を取り上げて「これが協同性の姿です」などと分かりやすく示します。保護者にとって、子どもの姿を捉えるよい機会としていきたいものです。

第4章

満3歳児の文例

学年の重点

満3歳児

POINT
- 園に来ることが楽しくなるようにします。
- 好きな遊びを見つけられるようにしましょう。

- 保育者と関わりながら、安心して幼稚園で生活する。

- 保育者や友達と一緒に園生活を楽しむ。

- 幼稚園生活に慣れ、好きな遊びを楽しむ。

- 幼稚園生活を楽しみにし、保育者や友達と共に過ごすことを喜ぶ。

- 友達のしている遊びに興味をもち、自分もやってみようとする。

- 自分でできることは、自分でしようとする。

- 全身を十分に使って楽しく遊ぶ。

- いろいろな素材や遊具に触れ、使って遊ぼうとする。

- 登園を楽しみにし、保育者や友達と自分から関わりを深める。

- 自分の好きな遊びを見つけて、意欲的に活動する。

第4章 満３歳児の文例 学年の重点

- 生活や遊びを通して、身近な環境に関心をもつ。

- 幼稚園生活の流れを知り、やっていいこといけないことが分かる。

- 自分の思いを、自分なりに表現する。

- 好きな遊びを見つけ、自ら関わろうとする。

- 自分と同じように、相手にも思いがあることに気付く。

- 友達と一緒に遊ぶ楽しさを知る。

- 身近な環境に関わり、感情を豊かにする。

- 気の合う友達と一緒に活動することを楽しむ。

- 園生活に親しみ、基本的な生活習慣を身に付ける。

- 友達と遊びながら人との関わりを深める。

- 他児へ関心をもち、保育者の仲立ちを介して友達と関わって遊ぶ。

- 自分の気持ちや見たことを、保育者や友達に言葉で伝える。

個人の重点

満3歳児

POINT
- 一人一人に対し願いをもって関わることが大切です。
- この1年、何を心がけて接してきたかを考えます。

5領域 健康　**10の姿** 健康
保育者と一緒に遊びながら、明るく伸び伸びと生活する。

5領域 健康　**10の姿** 健康
運動的な遊びの楽しさを味わい、自ら進んで行う。

5領域 健康　**10の姿** 健康・協同
遊びを通して、集団で過ごす楽しさを知る。

5領域 人間　**10の姿** 自立・協同
喜んで登園し、好きな遊びの中で保育者や友達との関わりを楽しむ。

5領域 人間　**10の姿** 協同
クラスみんなでの遊びに楽しく参加する。

5領域 人間　**10の姿** 社会
園生活の流れを知り、次の行動に気付く。

5領域 環境　**10の姿** 社会
自分の持ち物に愛着を感じ、大切にしようとする。

5領域 環境　**10の姿** 思考
好きな遊びを見つけ、自分から遊ぼうとする。

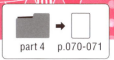

第4章 満3歳児の文例 個人の重点

5領域 環境　**10の姿** 思考
いろいろな遊具に興味をもち、自ら関わって遊ぼうとする。

5領域 環境　**10の姿** 自然
身の回りの小動物や植物にも命があることに気付く。

5領域 環境　**10の姿** 自然
砂や土を汚いものと思わず、関わって楽しく遊ぶ。

5領域 言葉　**10の姿** 言葉
保育者や友達の話を聞こうとする。

5領域 言葉　**10の姿** 言葉
絵本やお話を、楽しんで見たり聞いたりする。

5領域 言葉　**10の姿** 言葉
困ったことや、してほしいことを保育者に伝えようとする。

5領域 言葉　**10の姿** 言葉
気に入らないことがあっても暴れずに、保育者に伝えようとする。

5領域 表現　**10の姿** 表現
手遊びやリズム遊びなどで、みんなと一緒に行う心地よさを味わう。

5領域 健康 環境　**10の姿** 健康 社会
居心地のよい場所を見つけ、安心して過ごす。

5領域 言葉 表現　**10の姿** 言葉
自分の気持ちや考えを言葉で表現する。

生活への取り組み

満3歳児

POINT
- 喜んで登園しているか確認します。
- 安心して自分を出せているでしょうか。

5領域 健康 人間 環境 言葉 表現 　**10の姿** 健康

自分で着脱するようになる

身の回りのことはいつも母親にしてもらっているらしく、着替え時は保育者の前に来て両手を広げている。自分でできるとかっこいいことを伝え、シャツの下を手で持ちクルリンと脱ぐことをリズミカルに話した。ぎこちないながらも、自分でできたことに自信をもってきている。

> **解説**
> 保育者が着脱の方法を分かりやすく伝えることで、自分で行おうとする意欲が出てきました。

5領域 健康 人間 環境 言葉 表現 　**10の姿** 思考

蛇口を閉められるようになる

生活の中で水道の蛇口をひねる経験が少ないせいか、水を出しっぱなしにすることが多い。そのつど保育者が手を添えて開閉し、蛇口を閉める動きを見せたところ、閉められるようになった。

5領域 健康 人間 環境 言葉 表現 　**10の姿** 健康

うがいができるようになる

ガラガラうがいができず、あっという間に終わったと言ってくる。口に水を含んで天井を見ることからていねいに知らせた。「アー」と言えるようになったのがうれしく、「うがい名人」と言われることを喜んでいる。

5領域 健康 人間 環境 言葉 表現　**10の姿** 健康 自立

次の活動を楽しみにできる

遊んでいるときは夢中で楽しく取り組んでいるが、活動の区切りになると寂しくなり、「おうちに帰りたい」と言ってくることがあった。次の活動が楽しいものであることを伝え、不安にならないように支えたところ、保育者をよりどころとして次の活動を待てるようになってきた。

> **解説** 保育者の援助で家庭から離れている不安が和らぎ、園での活動を楽しみにできるようになりました。

5領域 健康 人間 環境 言葉 表現　**10の姿** 健康

トイレの自立

トイレに一人で行けず、保育者を呼びに来る。はじめは手を貸していたが、次に入り口で見守り、手順だけをリズミカルに伝え、一人でできたことを認めるようにした。2学期には、一人で用を足せるようになった。

5領域 健康 人間 環境 言葉 表現　**10の姿** 健康

箸の使い方

箸がまだうまく使えず、こぼすことが多い。つまみにくい食材の際はフォークを貸しているが、こぼしても箸を使おうとしている姿勢を認め、だんだん使えるようになっていることを伝えて励ましている。

> **解説** 難しいときだけ援助したり励ましたりしたことが、箸をうまく使おうとする意欲につながっています。

5領域 健康 人間 環境 言葉 表現　**10の姿** 健康

気持ちのコントロール

嫌なことがあると、周りにあるものを手当たり次第に壊すことがあった。うっぷんを晴らしたい気持ちを受け止め、思いきりパンチができるようにマットを用意した。その後に壊されたものや、困っている友達の姿を見せるようにした。自分の気持ちのコントロールを学びつつある。

> **解説** 気持ちを発散する場を設けたうえで周囲が困っていることを伝え、感情の制御が可能になりました。

人形遊びで園になじむ

5領域：健康・人間・環境・言葉・表現　10の姿：健康・社会

入園当初は母親と離れる不安から、玄関で足が止まってしまい、1日を玄関で過ごす日もあった。家でよく遊んでいると聞いた人形を玄関のじゅうたんの上に並べると、興味をもって見ている。玄関で保育者と人形で遊んでから、1か月後には保育室に入れるようになった。

> **解説** 家庭でなじみのある遊びを園でもすることで、次第に園でも落ち着くようになりました。

片付けを進んでできるようになる

5領域：人間・環境　10の姿：規範

片付けになると場を離れて歩き回る姿が見られた。使って遊んだことを確認し、明日もまた楽しく遊ぶためにきれいにしまうことを伝えた。そしてきれいになった気持ちよさを共有するようにした。すると自分で片付け、片付けた後を見せたくて保育者を呼びにくるようになった。

積極的に伝えられるようになる

5領域：人間・言葉　10の姿：自立・言葉

困ったことがあっても、黙っていることが多かった。言ってくれたら助けることをスキンシップをとりながら伝え、何かを言ってきた際には喜ぶようにした。11月には、自分からいろいろなことを伝えられるようになった。

「先生、これ食べられない」

自分のロッカーを認識

5領域：環境・言葉　10の姿：言葉

自分のロッカーを確認せず、違うロッカーに荷物をかけてしまい、そのロッカーの子から苦情を言われることがあった。自分のクマのマークを確認し、「クマさん、おはよう」と言ってから荷物をしまうように伝えた。それからは確かめてかけるようになった。

> **解説** マークを手がかりに自分のロッカーという認識ができ、片付けられるようになりました。

虫への親しみ

5領域: 環境・言葉 **10の姿**: 自然・言葉

ダンゴムシが苦手で、見つけると踏み付ける行動が見られた。保育者はダンゴムシは散歩しているだけだと伝えながら、一緒に見続けた。すると「ダンゴムシさん、バイバイ」とつぶやく姿が見られた。虫が親しいものとして感じられたのだろう。

みんなとの活動に加わる

5領域: 健康・人間・環境・言葉・表現 **10の姿**: 健康・自立

10月に入園したが、周りの様子を見ているばかりで自分から動き出そうとしなかった。保育者もそばで活動を共に見守りながら声をかけていくうちに、保育者が誘ったスタンプ遊びに入るようになった。

遊びに入れるようになる

5領域: 健康・人間・環境 **10の姿**: 健康・社会

入園当初は、保育者と手をつないで過ごすことが多かった。安心して手を離せるまでは、じっくり付き合う心づもりでいたが、好きな遊びを見つけるとスムーズに遊びに入っていけるようになった。

遊びを通して人と関わる

5領域: 人間・環境・言葉 **10の姿**: 自立・言葉

入園当初は新しい環境にとまどっていたが、自分の好きなブロックを見つけると、自動車や飛行機をつくり、保育者に見せにくるようになった。だんだんとブロックが好きな友達とも言葉を交わしながら遊べるようになってきた。

遊びの傾向

満3歳児

POINT
- 好きな遊びは何かを見極めます。
- どんな遊具や場に親しみをもっていますか。

5領域 健康 人間 環境 言葉 表現　10の姿 健康

歩き方が安定

入園時には、足もとがおぼつかない歩き方だったが、戸外遊びで走ったり跳んだりを繰り返し、ずいぶんしっかりしてきた。自分は足が速いと思っているので、認めながら運動遊びを見守っている。

> **解説**　戸外遊びで十分に体を動かすことで足腰が強くなり、歩き方が安定してきました。

5領域 健康 人間 環境 言葉 表現　10の姿 健康

安心できるスペース

大きな段ボール箱でつくった家が気に入り、中にままごと道具を持ち込んでは、おうちごっこを楽しんだ。嫌なことがあってもここに入ると落ち着くようで、安心できる場所になっている。

5領域 健康 人間 環境 言葉 表現　10の姿 健康

水への抵抗感が減る

プールの中に入ることには抵抗があったため、プールサイドで水と関われる遊びを準備した。友達と水鉄砲で体をぬらしたり、時には顔にも水をかけたりしているうちに次第に水に慣れた。プールサイドに腰かけて足をバシャバシャできるようになった。

> **解説**　最初はプールの外で水遊びをすることで、次第に水に慣れて楽しめるようになりました。

みんなの前で活躍する

5領域 人間 言葉 **10の姿** 言葉

インビューごっこが好きで、ブロックでマイクをつくり、「好きな食べ物は？」など質問を自分で考えて、友達に聞いて回った。誕生会でもインタビュー係になると、自信をもって活躍した。

> **解説** 日常の遊びからつながった誕生会での役割に自信をもって取り組んだ姿が分かります。

読み聞かせから遊びへ

5領域 人間 言葉 表現 **10の姿** 協同 言葉

『おおきなかぶ』の「うんとこしょ、どっこいしょ」が気に入り、力を入れる場面では口ずさんでいる。友達も共鳴し、その輪が広がり、一つの遊びになっていくことがよくあった。

> **解説** 絵本から自分のイメージを広げ、クラスの遊びになっていった様子が分かります。

クラスのムードメーカー役

5領域 人間 環境 言葉 表現 **10の姿** 社会 表現

手遊びを好み、生き生きと表現する。ままごとや製作をしていても、思い出したようにやり始め、周りの子もまねをするなど、みんなが楽しくなる空間をつくり出している。

クリスマスの行事を楽しむ

5領域 人間 環境 言葉 表現 **10の姿** 表現

クリスマスの頃、鈴に親しみ、サンタクロースを乗せたそりのイメージで楽しんだ。クラスのみんなとサンタの歌を歌うときには、走って鈴を取りに行き、曲に合わせて鳴らしていた。自分なりの表現ができた。

> **解説** 行事に対する自分なりのイメージをふくらませて楽しみ、表現することができました。

5領域 健康 人間 環境 言葉 表現　**10の姿** 思考 表現

造形活動が意欲的になる

空き箱を並べたりセロハンテープでくっつけたりして、好きなものをつくっている。油性ペンで模様も付けられることを伝えるとさらに意欲的になり、表現が広がってきた。

解説：新しい道具の使用でさらに意欲が高まり、造形表現も広がってきました。

5領域 健康 人間 環境 言葉 表現　**10の姿** 協同

友達と遊ぶ経験

集団遊びでは抜けていくことが多かった。玉入れもやろうとしないので、バケツと玉を近くに置いたところ、玉をバケツに入れ始めた。拍手して認めたところ、本児の好きな遊びになっていった。周りの友達も参加し始め、友達と遊ぶ楽しさを味わう経験となった。

5領域 健康 人間 環境 言葉 表現　**10の姿** 健康 社会

周囲への興味が広がる

三輪車が好きで、園庭中を走り回る。そして、おもしろそうな場に立ち寄っては、その雰囲気を味わっている。いろいろな遊びや人を知り、世界を広げているところである。

5領域 健康 人間 環境 言葉 表現　**10の姿** 健康 言葉

お気に入りのごっこ遊び

ウサギのぬいぐるみが気に入り、自分は母ウサギのつもりで、ぬいぐるみを抱っこしたりおんぶしたりして連れ歩いている。ウサギについて話しかけてもらうことを期待しているようだ。心が安定する遊びになっている。

解説：気に入った人形との遊びを通して保育者との関わりも充実し、安心感がもてるようになりました。

遊びをきっかけに安定

5領域 健康 **人間** 環境 言葉 表現 10の姿 **自立**

お気に入りの携帯電話のおもちゃを見つけ、一つを保育者に渡して「もしもし」と話しかける遊びを楽しみ、次第に安定できるようになった。

劇遊びに夢中に

5領域 健康 人間 環境 言葉 **表現** 10の姿 **表現**

劇遊びでは、子ヤギ役になり、いろいろなところにかくれることを楽しんだ。ピアノの裏がお気に入りで、友達と息をひそめて隠れ、スリルを味わっていた。友達とのつながりが深まっている。

友達とイメージを共有

5領域 健康 **人間** 環境 言葉 **表現** 10の姿 **表現**

大型積み木のくぼみにまたがり、オートバイに乗っている気分を味わった。友達もまねをして並ぶと顔を見合わせ、「ブルンブルン」とさらに大きな声を出していた。お互いに乗るイメージを共有して遊ぶ経験ができた。

粘土にさわれるようになる

5領域 健康 **人間** 環境 言葉 **表現** 10の姿 **表現**

粘土を汚いものと思い、はじめはさわれなかった。しかし友達が楽しそうに丸めてだんごなどをつくっているのを見て、やってみようという気持ちになった。ヘビを丸めてペロペロキャンディーにするのがおもしろく、つくっては保育者に見せにくるようになった。

友達との関係

満3歳児

POINT
- 友達の存在を知る経験ができたでしょうか。
- 友達と触れ合う楽しさを味わえたか確認します。

5領域 健康 **人間** 環境 言葉 表現　　**10の姿** 健康

気の合う友達と集団の中にいる

以前は一人でいることが多く、あまり目立たなかったが、気の合う友達ができたことにより、少しずつ集団の中にいることが増えてきている。大きな声で楽しそうに話をしている。

5領域 健康 **人間** 環境 言葉 表現　　**10の姿** **協同**

保育者の働きかけで友達と仲よく遊ぶ

同じ場で遊ぶ友達を意識して見るようになったので、保育者が間に入り、一緒に遊べるように働きかけをした。顔を見てほほえみ合うようになり、手をつないで歩くようにもなった。友達がいるよさを感じている。

解説　友達と一緒に遊べるようになり、友達と過ごす楽しさを感じられるようになりました。

5領域 健康 **人間** **環境** 言葉 表現　　**10の姿** **協同**

友達に自ら関わる

はじめは保育者としか関わろうとしなかったが、同じ場で遊んでいる友達の動きに注目できるように声を掛けたり、両者の橋渡しをしたりするうちに、友達の存在を認め、自分から関わろうとする姿が見られるようになった。

解説　保育者が友達との橋渡しをし、保育者とだけだった関わりが友達との関係へと広がりました。

同じ場で活動ができる

5領域: 人間 環境
10の姿: 規範

特定の子が気になり、たたく行動が見られた。そこでその子の気持ちを伝えたり、よいところを話したりするようにした。すると、次第に視線を交わすようになり、同じ場で遊べるようになってきた。

時間をかけると友達となじんで遊べる

5領域: 人間 言葉
10の姿: 自立

自分の遊びを守ろうとし、友達が関わろうとすると「ダメ」と拒否していたが、しばらく一緒にいて言葉を交わすうちに柔軟になってきた。友達となじむまでに時間がかかるが、ゆっくり見守りたい。

気持ちを伝えられるようになる

5領域: 人間 言葉
10の姿: 言葉

自分の思いが通らないと、相手をひっかくことが続いた。嫌だった思いを受け止めながらも、相手が痛い思いをしていることを伝え、どのような言葉を使えば気持ちが届くかを、そのつど話して聞かせた。10月には「嫌だよ」「やめて」などを言えるようになった。

解説: 保育者がひっかかれた相手の気持ちや言葉での伝え方を話し、次第に言葉で伝えられるようになりました。

友達との関わりが増える

5領域: 人間 言葉
10の姿: 言葉

やりたいことがあっても、友達が使っていると引いてしまうことがあった。そのつど、「隣でやってもいい?」「次に貸してね」など、思いを伝える言葉を知らせ、言えるように励ましてきた。少しずつだが言えるようになってきて、友達との関わりが増えてきた。

友達の話に耳を傾ける

5領域：健康 **人間** 環境 **言葉** 表現　10の姿：健康 自立 協同 規範 社会 思考 自然 数字 **言葉** 表現

保育者の話は聞けるが、友達の話はなかなか聞けないところがあった。「○○ちゃんはどう思っているのかな、聞いてみよう」と手を耳にかざして聞く動作を見せると、おもしろがってまねをするようになった。「～と言ってた」と聞いたことを繰り返して保育者に伝えている。

解説：分かりやすい動作を合わせて伝えることで、友達の話を聞こうとする姿勢が身に付きました。

かくれんぼで「入れて」が言えた

5領域：健康 **人間** 環境 **言葉** 表現　10の姿：健康 自立 協同 規範 社会 思考 自然 数字 **言葉** 表現

やりたい遊びがあってもなかなか自分から「入れて」が言えなかった。かくれんぼに入りたそうにしている際、たまたま「入りたい」と言ってきた子がいたので「一緒に言ってみたら?」と伝えると、二人で「せーの、入れて」と言うことができた。

解説：一人では難しくても友達と一緒に言うことで勇気を出せることもあります。

クラスになじむ

5領域：健康 **人間** 環境 **言葉** 表現　10の姿：健康 自立 協同 規範 **社会** 思考 自然 数字 **言葉** 表現

姉が5歳児クラスに在籍。入園当初は姉のクラスへ行くことが多かった。自分のクラスになじめない様子だったので、保育者も数人の子を連れて5歳児クラスへ遊びに行くようにした。すると5歳児クラスの様子を進んで話し、案内してくれた。その後、自分のクラスでも一緒に遊べるようになった。

解説：保育者が他の子と関わるきっかけをつくったことで、自分のクラスになじんでいきました。

友達と力を合わせて水くみ遊び

5領域：**健康** **人間** 環境 **言葉** 表現　10の姿：**健康** 自立 **協同** 規範 社会 思考 自然 数字 言葉 表現

砂場に掘った穴に友達が水を入れ始めると、まねしてバケツに水をくみ入れた。「もっと」「うん」と言葉を交わしどんどん入れていた。一緒に水を運ぶ楽しさを味わうことができた。

友達のまねから世界が広がる

5領域 健康 **人間** 環境 言葉 表現　　**10の姿** 　　社会

砂場で一人で遊ぶことが多かったが、同じように遊ぶ友達の姿に気付き、つくっている様子などをチラチラと見るようになった。友達が大きなシャベルを使い出すと、自分も同じようにやり出した。友達の存在を知り、まねをすることから、自分の世界を広げている。

自分の遊具と友達の遊具

5領域 健康 **人間** 環境 **言葉** 表現　　**10の姿** 　　言葉

同じ遊具があるのに友達の持っているものがよく見え、欲しいと言って泣くことがあった。2つを並べて「おんなじ」と言って好きなほうを選ばせると満足した。それからは「おんなじ」という言葉を覚え、友達に「おんなじ」と言われると納得するようになった。

友達と同じものを喜ぶ

5領域 健康 **人間** 環境 言葉 **表現**　　**10の姿** 　　自立

白いロングスカートをめぐって、特定の子と取り合いになることが多かった。そのロングスカートをしまい、代わりに新しいピンクのロングスカートを2枚出したところ、「おんなじだね」と言葉を交わし、仲よくなっていった。

友達と一緒にスタンプ遊び

5領域 健康 **人間** 環境 言葉 **表現**　　**10の姿** 　　協同

野菜スタンプに興味をもち、オクラで星形を連続して押していると、友達が反対側からスタンプを押してきた。「流れ星がくっついた」と共に喜ぶ姿から、友達と関わるよさを体験したことをうれしく思った。

興味・関心

満3歳児

POINT
- 目に入った物に興味を示すか確認します。
- 身近な物に関わろうとする姿を描写します。

5領域 健康 **人間** 環境 言葉 表現　　10の姿　**自立**

保育者との信頼関係

保育者をいつも目で追っている。目が合うとにっこりとほほえみを返すようにした。一緒に遊びたがっているときは、希望に応えた。安心感が増し、活動範囲が広がっている。いつも見ていてほしいという欲求にできるだけ沿うことが信頼関係につながっている。

解説：保育者に見ていてもらいたい気持ちに応じることで、子どもとの信頼関係ができました。

5領域 健康 人間 **環境** 言葉 表現　　10の姿　**思考**

遊具の多様な遊び方に気付く

ブロックに興味をもち、武器などをつくることを楽しんだ。保育者が長くつなげてタワーや道をつくり始めると、ブロックの他の遊び方にも気付き、多様なものをつくるようになった。

5領域 健康 人間 **環境** 言葉 表現　　10の姿　**思考**

道具や素材への興味

用意してあるすべての道具や素材に触れてみようとする。まだじっくり取り組むことは難しいが、自分なりに世界を広げようとしている姿だと捉え、思いに共感しつつ寄り添うようにしている。

解説：いろいろな道具や素材に触れてみて、新しいものを知ろうとする姿を見守っています。

水の感触を楽しむ

5領域 健康 人間 **環境** 言葉 表現　10の姿　**自然**

水たまりを見つけると、必ず入ってみようとする。長靴か裸足になるようにし、十分に水の感触を味わえるように配慮している。

> 解説：環境面の配慮をすることで、水に触れたい子どもの気持ちに応えています。

雨と遊ぶ

5領域 健康 人間 **環境** 言葉 表現　10の姿　**自然** **表現**

雨の日に友達とテラスに出て、バケツに落ちる雨音を聞いていた。そのうちコップを持ってきて、そこに落ちる雨音も楽しんだ。「外に出てみたい」と言うので、レインコートを着て保育者と外に出て雨を楽しんだ。

自分のことを自分でする意欲

5領域 **健康** **人間** 環境 言葉 表現　10の姿　**自立**

3歳になったことがうれしく、指を3本出してはいろいろな人に伝えて回った。周りが温かくお祝いの気持ちを返すと自信になったようで、自分のことは自分でする意欲につながった。まだできないことも多いが、気持ちを認めて見守っている。

言葉をまねっこ

5領域 **健康** **人間** 環境 言葉 表現　10の姿　**自立**

友達の言葉をおもしろがり、まねをして言うことが多い。言葉を覚えていく過程ではあるが、好ましくないもの、人を嫌な気持ちにさせることが続いた場合には、それに気付かせるようにした。言っていいことといけないことに気付き始めている。

絵本を好む

5領域 健康 **人間** 環境 **言葉** 表現　**10の姿** 言葉

絵本が好きで、気に入った本を選んで保育者のひざに乗る。はじめは自分だけに読んでほしくて、他の子が来ると絵本を隠すようにしたが、徐々に2〜3人でも楽しく見られるようになってきた。降園時に、全員の前で自分の選んだ本を読むと、うれしそうにしている。

解説 友達が見ても許せるようになったところに育ちが見えます。

生き物への関心

5領域 健康 人間 **環境** **言葉** 表現　**10の姿** **自然**

玄関にいるカメに興味をもち、かばんをかけたまま、じっとカメの動きを目で追っている。ある程度、満足したところで、朝の活動に誘うようにしている。カメの気持ちを言葉にして保育者に伝えるなど、園に親しむきっかけの一つになっている。

解説 生き物を観察する時間をとることで、生き物に親しみ、園になじむきっかけにもなりました。

熱心に片付け

5領域 健康 人間 **環境** 言葉 **表現**　**10の姿** **規範**

ビニールテープの同じ色を集めて箱に片付けることにこだわりをもっている。きれいになったことを認めると、うれしそうにする。片付けのときは常にチェックしており、友達からも一目置かれている。

かけっこ大好き

5領域 **健康** **人間** **環境** 言葉 表現　**10の姿** **健康**

園庭に出るといつも「ヨーイドン」と言って走り始める。他の子もつられて一緒に走り、気持ちのよい汗をかく。走ることに興味をもち、全身を使って運動する心地よさを味わっている。

第5章

3歳児の文例

学年の重点

3歳児

POINT
- 自分の遊びが見つけられるようにします。
- 年度末までに目指す姿を明確にします。

- 幼稚園生活に親しみ、基本的な習慣を身に付ける。

- 自分のしたい遊びを見つけて、十分に遊ぶ。

- いろいろなものや活動に興味や関心をもち、自分から関わろうとする。

- 保育者に親しみをもち、安心して自分を出して遊ぶ。

- 周囲のできごとに関心をもち、自分の思いを表現して遊ぶ。

- 友達といる楽しさを知り、共に遊ぶ喜びを味わう。

- 気の合う友達と一緒に、好きな遊びを楽しむ。

- 伸び伸びと体を動かし、保育者や友達と触れ合いながら遊ぶ楽しさを味わう。

- 保育者や友達と一緒に行動することに慣れ、安心して動けるようになる。

- 基本的生活習慣が身に付き、一人一人が自信をもって伸び伸び活動する。

- 好きな遊びを十分に楽しみ、自分でできることは自分でしようとする。

- 安全に生活するために必要なことを知り、考えながら遊んだり活動したりする。

- 園生活に必要な習慣や、きまりが分かる。

- 自分の思ったことや困ったことを、相手に伝えようとする。

- 幼稚園生活を楽しみ、自分を十分に発揮する。

- 自分の思いを様々な方法で表現する。

- 身近な遊具や用具に触れ、遊びの中に取り入れようとする。

- クラスの一員としてみんなと一緒に行動することを楽しむ。

- 活動に興味・関心をもって伸び伸びと遊ぶ。

- 体を十分に動かし、いろいろな動きのある遊びを楽しむ。

- 様々な動きを経験しながら、全身を使って遊ぶ。

- 園生活を楽しむ中で自分から行動する心地よさを味わい、自信を深める。

個人の重点

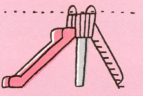

3歳児

POINT
- 一人一人に合った援助を心がけます。
- この1年、何を重点に関わってきたかを考えます。

5領域 健康　**10の姿** 健康
保育者に親しみをもち、安心して好きな遊びを楽しむ。

5領域 健康　**10の姿** 健康
基本的な生活習慣を自ら進んで行う。

5領域 健康　**10の姿** 健康
戸外で体を動かす気持ちよさを知り、外遊びを楽しむ。

5領域 健康　**10の姿** 健康
気持ちを切り替えて、次の活動に参加する。

5領域 健康　**10の姿** 健康
食事の準備や片付けを自分で行い、食べることを楽しむ。

5領域 健康　**10の姿** 協同・規範
ルールを守ることを意識しながら友達と遊ぶ。

5領域 人間　**10の姿** 自立
保育者から安心して離れ、友達と遊ぶ楽しさを味わう。

5領域 人間　**10の姿** 自立
身の回りのことを自分でしようとする。

5領域	10の姿	文例
人間	自立	友達と好きな遊びを十分に楽しむ。
人間	規範	友達にも思いがあることに気付き、相手が困らない対応を考える。
人間	規範	遊んだ後の片付けを、保育者や友達と一緒に行う。
環境	思考	新しいことや見知らぬものにも、自分から関わってみようとする気持ちをもつ。
環境	自然	身近な動植物など、自然に触れることを楽しむ。
環境	自然	水や砂など身近な自然と関わり、安心して遊ぶ。
言葉	言葉	自分の思いを言葉で表現し、言葉を交わす楽しさを味わう。
言葉	言葉	自分の話を一方的にするだけでなく、相手の話に耳を傾け、聞こうとする。
言葉	言葉	してほしいことや感じたことなどを、自分なりの言葉で伝えようとする。
表現	表現	いろいろな素材に親しみ、つくる楽しさを味わう。

第5章 3歳児の文例 個人の重点

生活への取り組み

3歳児

POINT
- 生活習慣が身に付いたでしょうか。
- 情緒が安定し、園生活を楽しんでいるでしょうか。
- 自分のペースで伸び伸びと生活する姿を大切にします。

5領域 健康 人間 環境 言葉 表現 　**10の姿** 健康

食べる意欲が育つ

食が細く、いつまでも食べ物を口に入れたままの状態でボーッとしていることが多かった。「カミカミ、ゴックン」とリズミカルに伝えていったところ、少しずつ飲み込んで次の一口へ進むようになった。

5領域 健康 人間 環境 言葉 表現 　**10の姿** 健康

自分なりのペースで園になじむ

周りの様子が気になり、タオルをかけるだけでも5分くらいかかっていたが、ゆっくり見守ることで、自分のペースで園生活になじんでいった。

> **解説**
> 自分のペースを尊重して見守ることが、園生活になじむことへとつながりました。

5領域 健康 人間 環境 言葉 表現 　**10の姿** 健康

片付けができるようになる

片付けるのが嫌で、片付けの時間になると逃げ回っていたが、片付けをゲームのように仕組んで誘うと、楽しんで片付けられるようになった。

見通しが立つことで行動できる

5領域 健康 人間 **環境** 言葉 表現　**10の姿** **健康**　**数・字**

次の行動に移る際、指示が伝わりにくく、騒いだり遅れたりすることが多かったが、トイレマークやランチマークなど掲示物で知らせるようにすると、見通しが立ち友達と手をつないで行動できるようになった。

保育者との触れ合いで安心

5領域 健康 **人間** 環境 言葉 表現　**10の姿** **健康**

入園当初は、泣いて母親と離れられなかったが、保育者がスキンシップを図りながら笑顔で対応するうちに、安心して登園できるようになった。

> **解説** 家庭から離れる不安が保育者とのスキンシップで和らぎ、安心できるようになりました。

気持ちのコントロール

5領域 健康 **人間** 環境 言葉 表現　**10の姿** **健康**

自分のことは自分でしようとする思いが強いので、うまくいかないと大泣きすることがあった。意欲を認めながら、手を添えてやり方を伝えるようにしたら、少しずつだが気持ちをコントロールできるようになってきている。

甘える気持ちを受け止める

5領域 健康 **人間** 環境 言葉 表現　**10の姿** **自立**

朝、保育者の姿を見つけるとひざに乗り、甘える行動をするので、十分に受け止めて対応していくと、2学期には甘えなくても遊びに入れるようになった。

5領域 健康 人間 環境 言葉 表現　**10の姿** 自立

着脱の自立

衣類の着脱が苦手で、「できない、やって」と保育者のところへ来ることが多かった。手を添えながら擬音語を使ってやり方を知らせて励ましていったところ、夏までには自分でできるようになり自信をもった。

> **解説** 着脱の方法を分かりやすく伝えて励ますことで、できるようになって自信が付きました。

5領域 健康 人間 環境 言葉 表現　**10の姿** 規範

集団生活でのきまりを認識

すべり台を逆走するなど、気ままな行動が目に付いた。困っている人がいることを知らせ、どう行動すればよいかを共に考えていったところ、きまりを自分なりにつくれるようになっていった。

5領域 健康 人間 環境 言葉 表現　**10の姿** 健康

登園時の身支度

通園バッグをかけたまま、外で遊び始めることが多かったが、遊びの区切りに明るく声を掛け、朝の活動や身支度を促すことで、次第に自分からできるようになった。

5領域 健康 人間 環境 言葉 表現　**10の姿** 社会

水の使い方を理解する

手を洗いに行くと水と関わるのが楽しくなり、服をぬらしても気にも留めず、なかなか戻ってこないことが多かった。暖かい日にテラスでバケツに水を入れて十分に遊べるようにしたところ、「遊ぶ水」と「遊ばない水」を区別できるようになってきた。

> **解説** 体験を通して、生活のための水と遊びのための水の違いを、認識できるようになりました。

5領域 健康 人間 環境 言葉 表現　**10の姿** 健康　社会

園のトイレで排泄

幼稚園のトイレを使うことに抵抗があり、もらしてしまうことがあった。トイレに好きなキャラクターの人形を置き、手をつないで個室に入っておしゃべりをするなど、トイレを親しい場として感じられるような援助をしたところ、5月からは自分で行けるようになった。

解説　園のトイレを身近に感じられるような援助で、トイレに慣れていきました。

5領域 健康 人間 環境 言葉 表現　**10の姿** 健康　自然

汚れを気にする

少しでもぬれたり汚れたりすると、すぐに着替えたがるところがあったので、片付けた後で着替えることを伝え、保育者も汚れた服を見せて笑い合うようにした。「服が汚れるのは、元気に遊んだ印」とも伝えると、安心して水や砂と関われるようになった。

解説　汚れを嫌がる気持ちを受け止めて対応したところ、安心して遊べるようになりました。

5領域 健康 人間 環境 言葉 表現　**10の姿** 健康

爪などをかむ

爪や名札をかむ癖があったので、不安や手もちぶさたの表れだと受け止め、明るく話しかけたり遊びに誘うようにしたところ、頻度が減ってきている。

5領域 健康 人間 環境 言葉 表現　**10の姿** 健康　思考

危険なものへの認識

好奇心が旺盛で、危険なものでも興味をもち触れてみたくなる。触れるとどんなに困ったことになるかイメージできるように具体的に伝え、悲しい顔を見せるようにした。すると、立ち止まって保育者の顔を見るようになり、目が合うと行動を止められるようになった。

解説　起こりうる危険を具体的に伝えることで、危険を予想して行動を制御できるようになりました。

遊びの傾向

3歳児

POINT
- 好きな遊びを見つけられたでしょうか。
- 自分なりに楽しく遊ぶ姿を書きます。

5領域　健康 **人間** 環境 言葉 表現　10の姿　**協同**

大きな砂山からトンネル掘りへ

砂場での遊びが好きである。本児が山をつくり始めると数人の友達が集まり、みんなで大きな山づくりが始まった。固めた後は、トンネルを掘る遊びへと展開し、相談しながら集中して取り組んだ。

5領域　**健康** **人間** 環境 言葉 表現　10の姿　**自立**

鬼ごっこの楽しさを知る

鬼ごっこが好きで、みんなと一緒に走ることを楽しむが、捕まって自分が鬼になると泣くことがあった。保育者と共に鬼になり、手をつないでみんなを追いかけると、鬼の楽しさも味わうことができ、役割を交代しながら遊べるようになってきている。

> **解説**
> 鬼には鬼の楽しさがあることを、行動を共にして知らせることで世界を広げました。

5領域　健康 人間 **環境** 言葉 表現　10の姿　**健康**

限られた遊びから広がる

活動的で、思いきり走り回って遊んでいるが、すべり台とブランコが多いので、鉄棒に誘ってみた。はじめは「布団干し」をこわがったが、手を添えて援助したところ前回りができるようになり、自信をもって鉄棒にも積極的に関わるようになった。

自分から遊びに加わるようになる

5領域 健康 人間 環境 言葉 表現　　**10の姿** 自然

自分から遊び出せず、友達の遊びを見ていることが多かった。誘うと後ずさりするので、見て楽しみながら参加していると受け止め、無理強いしないようにした。6月には、楽しそうな色水の遊びに自分から手を出し、カップに注ぐことを楽しめるようになった。

> **解説** 無理に誘わず遊びを見ているところから始め、次第に自分から参加できるようになりました。

戸外遊びに積極的になる

5領域 健康 人間 環境 言葉 表現　　**10の姿** 健康　自然

家にもあるブロックでの遊びが中心で安定していたが、興味を広げるために、なるべく戸外遊びに誘うようにした。はじめはなじめなかったが、砂遊びの楽しさを知り、進んで外に出るようになった。

> **解説** 家庭でなじみのある遊びから戸外遊びへと、興味が広がっていった様子が分かります。

友達の遊びに加わる

5領域 健康 人間 環境 言葉 表現　　**10の姿** 協同

不安や緊張から、いつもテラスの柱のそばで友達の様子をじっと見ていたので、保育者もそばで同じ遊びを見ながら会話をした。入れそうなタイミングを見計らって一緒に遊びに加われるよう働きかけるうちに慣れてきて、抵抗なく入れるようになった。

> **解説** 保育者が一緒に加わることで慣れ、次第に自分だけでも友達の遊びに加われるようになりました。

集団遊びを楽しめるようになる

5領域 健康 人間 環境 言葉 表現　　**10の姿** 規範

みんなでする遊びから、すぐに抜けていってしまう傾向があった。保育者の近くに座れるようにし、その遊びを1番にできるようにしたところ、友達の番になっても座って見ていられるようになった。そして、みんなで楽しめるようになってきた。

第5章　3歳児の文例　遊びの傾向

5領域 健康 人間 環境 言葉 表現　**10の姿** 健康 自立 協同 道徳 規範 社会 学び 思考 自然 数字 言葉 大切

遊びにじっくり関わる

いろいろな遊びに興味を示すが、飽きやすく、遊びに集中できない傾向があったので、保育者も一緒に遊び、もっと楽しくなるように援助した。一緒に遊べないときは、声を掛けるなどしていくと、一つの遊びにじっくり関われるようになってきた。

5領域 健康 人間 環境 言葉 表現　**10の姿** 健康 自立 協同 道徳 規範 社会 学び 思考 自然 数字 言葉 大切

花をつむ

花が好きで「お母さんにプレゼントする」と言って、花壇の花をつんでしまった際に、大事にみんなで見る花と、つんでもよい花について話をした。徐々に理解して、それからは区別できるようになった。

5領域 健康 人間 環境 言葉 表現　**10の姿** 健康 自立 協同 道徳 規範 社会 学び 思考 自然 数字 言葉 大切

友達と一緒に楽しめる配慮

言葉をたくさん知っており、しりとりが得意である。友達の番でも自分の知っているものをどんどん言ってしまうことがあったので、困ったときのお助け係として耳元でささやいてもらうようにしたところ、友達の様子を見ながら関われるようになった。

> **解説**　分かったことはすぐに口にしたくなりますが、状況を見ながらコントロールできるようになりました。

5領域 健康 人間 環境 言葉 表現　**10の姿** 健康 自立 協同 道徳 規範 社会 学び 思考 自然 数字 言葉 大切

年上から吸収して遊びを広げる

年上のクラスをのぞきに行っては、おもしろそうなことを見つけて入れてもらったり、持ち帰って自分のクラスで再現したりして遊ぶ。環境から自分の遊びに取り込む力が育っている。

| 5領域 健康 人間 環境 言葉 **表現** | 10の姿 | 表現 |

伸び伸びと絵をかく

絵をかくことが好きで、伸び伸びとクレヨンを動かしている。はみ出しそうだったので紙を足したところ、喜んで線路を伸ばして満足感を味わった。

| 5領域 健康 **人間** **環境** 言葉 表現 | 10の姿 | 思考 |

使い方に配慮して遊ぶ

砂遊びが好きで穴を掘ることを好んでいるが、イヌのような掘り方をして砂場の砂が外に出てしまうことが多かったので、砂が少なくなると困ることを伝えた。まだ勢いでやってしまうこともあるが、声を掛けると気付き、砂の行方に目をやれるようになった。

| 5領域 健康 **人間** **環境** 言葉 **表現** | 10の姿 | 表現 |

粘土遊びが多様に

粘土遊びを好んで、いつもだんごをつくっていたので、のし棒と型抜きを出したところ、伸ばしてクッキーづくりを始めた。その後はクッキー屋さんになり、友達との関わりも楽しむことができるようになった。

解説 道具を提供することで遊びに広がりができ、友達との関わりにもつながりました。

| 5領域 健康 **人間** **環境** 言葉 **表現** | 10の姿 | 表現 |

役になりきって楽しむ

1本橋を使って「がらがらどんごっこ」を楽しんだ。声が小さくおとなしいほうだったが、トロル役になると「誰だー！」と周りがびっくりするほど大きな声が出せた。トロル役になって遊んだことが、自分を解放することにつながり、自分の世界を広げることができた。

解説 役柄になりきって遊ぶことで世界が広がり、ふだんとは違う姿が見られました。

友達との関係

3歳児

POINT
- 友達の遊びを見るところから関わりが始まります。
- 気の合う友達と関わりをもてたでしょうか。
- 言葉のやりとりを楽しむ姿を捉えます。

5領域 健康 **人間** 環境 言葉 表現　**10の姿** 健 自 **協** 規 社 思 自 数 言 表
　　　　　　　　　　　　　　　　　　　　　　　　　　　　康 立 **同** 範 会 考 然 学 葉 現

保育者との遊びから友達との遊びへ

友達と遊べるように環境を設定しても、すぐに保育者のところに来て遊びから抜けてしまうことが多かった。できるだけ保育者も同じ場で遊び、友達とつながりがもてるように配慮した。2学期には、保育者がいなくても友達と遊べるようになった。

解説　保育者が一緒に遊ぶことで子ども同士の関係ができ、保育者不在でも遊べるようになりました。

5領域 健康 **人間** 環境 言葉 表現　**10の姿** 健 自 協 規 **社** 思 自 数 言 表
　　　　　　　　　　　　　　　　　　　　　　　　　　　　康 立 同 範 **会** 考 然 学 葉 現

友達を意識し始める

3学期になっても一人遊びを楽しんでいるので、友達との会話に巻き込んだり、他の子どもと関わりがもてるような援助をするようにした。すると近くにいる子の遊びを見たり、目が合うとにっこりしたりと、友達の存在を意識できるようになってきた。

5領域 健康 **人間** 環境 言葉 表現　**10の姿** 健 自 協 規 **社** 思 自 数 言 表
　　　　　　　　　　　　　　　　　　　　　　　　　　　　康 立 同 範 **会** 考 然 学 葉 現

友達をこわがる

何かされたわけではないのに、声が低くて体が大きい友達をこわがり、そばに行くのを避けたり、ビクビクしたりする様子が見られた。その子が怒っているのではないことや、やさしい一面を伝え、その子と握手をする機会をつくったことで、安心できるようになった。

解説　友達をこわがる子に相手のことを伝えたり、接する機会をつくったりして安心できるようになりました。

友達に誘われて

5領域 **人間** **環境** 言葉 表現　10の姿　**社会**

フィンガーペインティングに抵抗があり、ずっと立って見ていた。友達が誘っても後ずさりしたが、手を引っぱられた際に絵の具が付き、慌ててこすった反対の手にも付いた。友達がおもしろそうに笑うのにつられて笑い、それがきっかけで入っていけるようになった。

仲よし以外の子と関わる

5領域 健康 **人間** **環境** 言葉 表現　10の姿　**社会**

家が近所の幼なじみと二人だけの遊びを好み、他の子が遊びに入ろうとすると拒否することが多かった。そこで、少し離れたところに同じような遊びの場を設定した。言葉を交わすうちに、他の友達のよさも感じて抵抗なく関われるようになってきた。

> **解説** 遊びを通して、特定の子とだけだった関係が他の子との関わりへと広がっていきました。

名前が同じ友達

5領域 健康 **人間** 環境 **言葉** 表現　10の姿　**社会**

同じ名前の友達がいることをはじめは喜んでいたが、そのうち「あやちゃんは、わたし」と怒り始めた。二人を呼んで相談し、園ではみんなに「あーや」と「あーちゃん」と呼んでもらうことにしたところ、新しいニックネームが気に入り、お互いにうれしそうに呼び合うようになった。

相手を傷つける言葉

5領域 健康 **人間** 環境 **言葉** 表現　10の姿　**言葉**

「○○くんは嫌い」と言ってしまい、友達を泣かせたりトラブルになったりすることがあったので、思っても言わないほうがよいこともあると伝え、また、名指しで嫌いと言った子のよい面を知らせるようにしてきた。4歳児クラスでも継続して、ゆっくり見守っていきたい。

第5章　3歳児の文例　友達との関係

| 5領域 | 健康 | **人間** | 環境 | **言葉** | 表現 | 10の姿 | | | | | | | | | | **言葉** |

少しずつ自分の気持ちを話す

「ゴメンネを言っても許してくれない」と訴えてきたので、許してくれなくて、悲しい気持ちであることを、相手に伝えてみるよう促した。これをきっかけに自分の気持ちを少しずつ、話せるようになった。

| 5領域 | 健康 | **人間** | 環境 | **言葉** | 表現 | 10の姿 | | | | | | | | | | **言葉** |

徐々に言葉で伝えられるように

言葉で伝えられず、相手の髪の毛を引っぱってしまうことがあった。そのつど引っぱりたくなった気持ちを受け止めながら、気持ちを言葉で表して言えるように指導するうちに、少しずつ言葉で相手に伝えられるようになってきている。

| 5領域 | 健康 | **人間** | 環境 | **言葉** | 表現 | 10の姿 | | | | | | | | | | **言葉** |

友達とのコミュニケーション

友達がいけないことをしている姿を見ると、本人に言わずに保育者に伝えてくるので、受け止めながらも友達に何と言って伝えたらよいかを共に考えるようにし、友達に言えたときには認めるようにしてきた。今では友達に自分の思いを少しずつ伝えられるようになってきている。

| 5領域 | 健康 | **人間** | 環境 | 言葉 | **表現** | 10の姿 | | | | | | | | | | **協同** |

分からないことを教えてもらう

友達の持っている手裏剣がつくりたくて、牛乳パックを切ったけれどうまくいかなかった。「どうやってつくるの?」と自分から尋ねて教えてもらうことができた。分からないことは自分から働きかけて助けを求めることができるようになっている。

解説: 一声かけるだけで友達とのつながりができて、自分のために動いてくれるよさを知りました。

友達のまねっこ

5領域: 健康 人間 環境 言葉 **表現**　**10の姿**: 表現

いも掘りの絵をかいたとき、なかなかかき出せなかったが、隣の友達の絵を見て同じようにかき始めた。それに気付いた友達が見ると、にこっと視線を合わせていた。友達のまねをすることから表現が生まれている。

解説: 自分一人ではかき出せませんでしたが、友達のまねをすることがきっかけになりました。

友達のよさに気付く

5領域: 健康 **人間** 環境 言葉 表現　**10の姿**: 社会

「あの子がいじわるする」と言いにくることが多かったので、よく話を聞いて相手に悪気のないことを伝え、二人とも楽しくなるようにアイデアを出しながら明るく関わっていった。次第に友達のよさにも気付き、同じ場で遊べるようになってきた。

解説: 楽しく一緒に遊ぶ場を設けることで、苦手な子のよい面にも目を向けられるようになりました。

友達のものを欲しがる

5領域: 健康 **人間** 環境 言葉 表現　**10の姿**: 規範 言葉

人の持っているものがよく見えてしまい、欲しがって泣いたり取ったりすることがある。同じものがあるときは並べて同じだと確認し、ない場合は「貸して」と言えるように指導してきた。また、自分のつくったものや持っているもののよさにも気付けるように援助したい。

解説: 友達のものを欲しくなる気持ちに折り合いが付けられるように、保育者が援助しています。

遊具を共有できるように

5領域: 健康 **人間** 環境 言葉 表現　**10の姿**: 規範

積み木で遊んでいるとき、他の子が積み木をさわろうとすると大声で制止することがあった。二人で遊んだらもっと楽しくなるかもしれないと言ったところ、積み木を他の子が使うことを許せるようになり、積み木はみんなのものという意識をもてるようになった。

興味・関心

3歳児

POINT
- 身近な環境に自分から関わる姿を探します。
- いろいろな遊びをやってみようとしているでしょうか。

5領域 健康 人間 **環境** 言葉 表現　　**10の姿** 健 自 協 規 社 思 **自然** 数 表

虫の生命への理解

ダンゴムシを探して捕まえることに没頭していたが、捕まえた虫を牛乳パックに入れたまま忘れていることが多かったので、生きていることを伝え、遊んだ後は虫のおうちに帰すことを相談して決めた。それからは、生き物として関わるようになったことを感じる。

解説　虫をおもちゃではなく、生きているものと認識できるようになってきました。

5領域 健康 人間 環境 **言葉** 表現　　**10の姿** 健 自 協 規 社 思 自 数 **言葉** 表

絵本を集中して聞く

絵本が好きで、読み聞かせのときには目を輝かせて聞いている。しかし、思ったことをすぐに言うため、話が中断してしまうことが何度かあった。うなずきながらも口に人さし指を当てて読み進めていくうちに、話の続きを集中して聞けるようになってきた。

解説　身振りを添えて分かりやすく伝えることで、話を集中して静かに聞けるようになりました。

5領域 健康 人間 環境 言葉 **表現**　　**10の姿** 健 自 協 規 社 思 自 数 **表現**

自信をもって絵をかく

絵をかくとき、イメージがふくらむまでに時間がかかり、取り組むペースはゆっくりである。しかし、イメージがまとまると自信をもって意欲的に進められる。できあがるとみんなに見せて回り、満足感を味わっている。

見て！

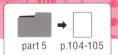

自分の経験や考えを話す

5領域 健康 **人間** 環境 **言葉** 表現 　**10の姿** 　　　　　　　**言葉**

つんだ花や家でつくった折り紙を保育者に渡すことで満足している。保育者は喜んで受け取り、保育室に飾るなど大切にしていたら、さらに喜び、家での出来事や考えたことなどを進んで話すようになった。

解説：保育者とのやりとりで受け止められた安心感をもち、自分の思いの発信へとつながりました。

言葉の使い方

5領域 健康 **人間** 環境 **言葉** 表現 　**10の姿** 　　　　**規範**　　**言葉**

兄がいるため、流行の言葉などを口にすることが多い。場が楽しくなる言葉はよいのだが、人が傷つくような場合には、相手の思いを伝えた。言ってよいことと、いけないことを少しずつ判断している。

歌をきっかけに

5領域 健康 **人間** 環境 言葉 **表現** 　**10の姿** 　　　　　　　　**表現**

歌が好きでよく知っており、見たものから連想した歌を口ずさむ。保育者は周りの子と楽しく聞いて拍手したり、教えてもらって共に歌うようにした。すると、とても自信をもち、みんなで歌う場面では人一倍、張り切るようになった。

ごっこ遊びの広がり

5領域 健康 人間 **環境** 言葉 **表現** 　**10の姿** 　　　　　　　　**表現**

ままごとでは必ずお母さん役になり、エプロンをつけて料理をしたり、赤ちゃん人形の世話をすることを楽しんでいる。タンスの中の人形の洋服を見せたところ、洗濯遊びを思い付き、段ボール箱を洗濯機に見立てたり、入れた洋服をたたんだりと遊びが広がっていった。

解説：新しい道具を加えることで模倣遊びのイメージがふくらみ、遊びに広がりが見られました。

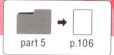

遊具を長く使っている

5領域: 健康 / **10の姿**: 規範

ブランコが好きで登園すると、まずブランコに乗りに行く。他の子が来ても代わらないのでトラブルになることがあったが、ブランコに乗りながら次の遊びを探しているのだろうと理解している。長いときには、そばに行って、展開している他の遊びを知らせるようにしている。

虫への興味

5領域: 人間・環境・言葉・表現 / **10の姿**: 自然

虫に興味があり、テラスにじっくりと座り込んでは虫の動きを追っている。帰りの会で虫の様子を話してもらったところ、虫に関心をもつ子どもが増え、友達との関わりも生まれるようになった。

お店屋さんごっこ

5領域: 人間・環境・言葉・表現 / **10の姿**: 協同・表現

家が和菓子店だということもあり、自分の好きな和菓子を紙でつくる遊びを始めた。友達も関心をもち一緒につくり始めた。店の看板もつくり、お客さんが来てくれたことで充実感を味わった。

多様な色への関心

5領域: 環境・言葉・表現 / **10の姿**: 表現

色の名前を覚え、いろいろな色を使ってみることを楽しんでいる。「赤はリンゴの色」など、色とその色の身近なものとを結び付けて周りの子に話す。36色の色鉛筆を見せたところ、微妙な違いにも関心を示し「ちょっと暗い」「白と混ぜた色」など、自分なりに理解して表現している。

第6章

4歳児の
文例

学年の重点

4歳児

POINT
- 友達と遊ぶ楽しさが味わえるようにします。
- 全員がその姿に近づくように指導します。

- 集団の中で自分を発揮し、様々な活動に意欲的に取り組む。
- 友達と共に、いろいろな遊びの楽しさを経験する。
- 全身を動かして遊ぶ楽しさを味わい、人との関わりを深める。
- 好きな遊びの中で友達と関わりながら、様々な活動に取り組んで経験を広げる。
- 好きな遊びの中で気の合う友達と触れ合い、お互いの思いや考えを出し合うことを楽しむ。
- 遊びを通して自己を発揮し、友達と関わりながら相手の気持ちに気付く。
- 自分の思いやイメージを言葉で伝え合い、友達と一緒に遊びや生活を進める。
- 身の回りの環境に能動的に働きかけ、楽しい遊びを自らつくり出そうとする。
- 身近な自然に興味をもち、自ら遊びに取り入れて楽しむ。

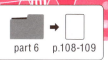

- 友達のよさを認め合いながら、遊びや生活を楽しむ。

- 遊びを通して身近な自然や事象に働きかけ、自分たちの遊びや生活に取り入れようとする。

- 遊びや生活に必要な態度や言葉を身に付けながら、楽しく生活する。

- 友達と一緒に体を十分動かしながら、遊ぶ楽しさを味わう。

- いろいろな活動に興味をもち、意欲的に遊んだり取り組んだりする。

- 園生活の流れが分かり、気持ちを切り替えながら一つ一つの活動を十分に楽しむ。

- 身近な人や物を大切にし、自分の世界を広げていく。

- 友達の思いを受け止め、みんなが楽しくなる方法を考える。

- 自己を発揮しながら園生活を楽しむ。

- 様々な経験を積んで自信をもって生活する。

- 集団遊びやごっこ遊びなど、大勢で遊ぶことの喜びや楽しさを味わう。

- 興味をもった遊びに主体的に取り組み、友達と関わって遊ぶ。

- いろいろな遊びの中から表現することを知り、達成感を味わう。

個人の重点

4歳児

POINT
- 一人一人の成長を願って働きかけます。
- 1年間心がけてきた援助を書きます。

5領域 健康　**10の姿** 健康

保育者を支えにしながら、やりたい遊びを十分に楽しむ。

5領域 健康　**10の姿** 健康

気の合う友達と遊んだり、好きな遊びを楽しんだりして、伸び伸びと生活する。

5領域 健康　**10の姿** 健康

運動的な遊びにも進んで参加し、充実感を味わう。

5領域 健康　**10の姿** 健康

自分から進んで積極的に体を動かすことを楽しむ。

5領域 人間　**10の姿** 自立

友達に流されず、自分の考えをもって行動する。

5領域 人間　**10の姿** 協同

様々な遊びを楽しむ中で、友達との関わりを喜ぶ。

5領域 人間　**10の姿** 協同

友達の思いを知り、相手を受け入れようとする。

5領域 人間　**10の姿** 規範

トラブルが起きてもパニックにならず、どのように行動したらよいかを考えてふるまう。

5領域 人間 / 10の姿 健康・協同	5領域 環境 / 10の姿 社会
いろいろな友達に興味をもち、共に楽しく遊ぶ。	みんなでする遊びにも、楽しく参加しようとする。

5領域 環境 / 10の姿 自然	5領域 環境 / 10の姿 社会・自然
身近な自然に関わりながら、季節の変化に気付いたり、植物の生長に関心をもったりする。	身近な自然や社会の出来事に関心をもち、見たり関わったりする。

5領域 言葉 / 10の姿 言葉	5領域 健康・人間 / 10の姿 健康・自立
園生活を楽しみ、自分の気持ちや考えを、言葉で伝えようとする。	基本的な生活習慣を身に付け、自分のことは自分でしようとする。

5領域 健康・環境 / 10の姿 健康	5領域 健康・言葉 / 10の姿 健康・言葉
好きな遊びを増やしながら、遊びのおもしろさを味わって満足感を得る。	保育者や友達と会話しながら楽しく食事をする。

5領域 言葉・表現 / 10の姿 言葉・表現	5領域 言葉・表現 / 10の姿 言葉・表現
気の合う友達や保育者に、言葉や動きで思いを表現しながら遊ぶ。	友達と遊ぶ楽しさを十分に味わい、自分の気持ちを相手に分かるように表現する。

第6章 4歳児の文例　個人の重点

生活への取り組み

4歳児

POINT
- 生活に必要なあいさつができているでしょうか。
- 十分に活動し、充実感を味わう生活を心がけます。
- 指示を理解し、すみやかに行動できるか確かめます。

5領域　健康　人間　環境　言葉　表現　　10の姿　健康

衣服の調節

汗をかいても自分から着替えようとしない。風邪をひいてしまうことを伝え、着替えを促すとようやく動く。暑いときには上着を脱いだり袖をまくったりすることを確認し、調節できたときには認めるようにしたら、次第に衣服の管理ができるようになってきている。

5領域　健康　人間　環境　言葉　表現　　10の姿　健康

片付けができるように

片付けの時間になると、気が進まず隠れることがあった。そこで、片付けの素晴らしさを語っていると、認められたいので出てきた。遊びが得意な人は片付けも得意だと伝えると、熱心に片付け始めるようになり、片付けた後の気持ちよさも経験できた。

> **解説**
> 片付けをプラスに捉える言葉を掛けることで、自分から片付けようとする姿勢につながりました。

5領域　健康　人間　環境　言葉　表現　　10の姿　健康

降園準備がスムーズに

降園準備がゆっくりで、みんなを待たせることが多かったので、しまうものを一つずつ声に出し「OK!」と言うことで行動を促した。その後は手際よく準備できて、手遊びもたっぷり楽しめるようになって喜んでいる。

5領域 健康 人間 環境 言葉 表現　**10の姿** 健康

手洗いの習慣

トイレの後に手を洗わないので、バイ菌が付くことを伝え、洗うと気持ちもすっきりすることを付け加えた。洗った後の手の匂いをかいで、石けんのいい香りがすることをほめると自分でもかぐようになり、それからは洗うたびに保育者の顔に手を近づけてくるようになった。

解説　手を洗った心地よさを自分で感じることが、手洗いの習慣化へとつながりました。

5領域 健康 人間 環境 言葉 表現　**10の姿** 健康

登園が遅くなりがち

登園が9時を過ぎることがあって十分に遊び込めないことがあるので、保護者に様子を伝えつつ、早めの登園をお願いした。2学期は努力されたが、冬季は遅い日もあるので、引き続き励ましていく必要がある。

解説　子どもへの援助だけでなく保護者に対しての働きかけも記しておきます。

5領域 健康 人間 環境 言葉 表現　**10の姿** 健康

危険に対する認識

自分のやりたいことを夢中になって進めるので、危険なことがある。そのつど、やりすぎるとこうなるよと具体的な状況を伝えるようにすると、次第にコントロールできるようになってきた。

解説　危険な状況を具体的に予測できるようになることで、危険を回避できるようになりました。

5領域 健康 人間 環境 言葉 表現　**10の姿** 言葉

分からないことが聞けるようになる

製作の手順など自分が分からなくてもなかなか聞きにこられなかったが、やり方が分かると器用にはさみを使って、空き箱のロボットを完成させた。分からないことがあったら自分から尋ねることの大切さを知った。

5領域 健康 **人間** 環境 言葉 表現　**10の姿** 健康 自立 協同 規範 社会 思考 自然 数字 言葉 表現

新しいクラスになじむ

進級当初はクラス替えがあり担任も替わったため、緊張している様子が見られた。スキンシップをとりながら笑顔で話しかけるようにしたら、5月には安心して自分を出せるようになった。

おはよう！

5領域 健康 人間 **環境** 言葉 表現　**10の姿** **健康** 自立 協同 規範 社会 思考 自然 数字 言葉 表現

嫌いなものも食べる

嫌いな食べ物が少しでもあると食が進まないので、量を減らし明るい雰囲気の中で食べられるようにした。友達の話を聞いて笑うなどしているうちに、苦手なものを一口食べることができた。みんなにほめられたことをきっかけに、嫌いなものも少しずつ食べられるようになった。

5領域 健康 **人間** 環境 言葉 表現　**10の姿** 健康 自立 協同 規範 **社会** 思考 自然 数字 言葉 表現

集まりに不安

全園児が集まる行事には気が進まぬ様子で、保育者のところへ来ることが多い。大勢の雰囲気にのまれて不安になるようなので、手をつないでそばにいるようにしたところ、会が始まると次第に落ち着けるようになった。

解説 大勢が集まる場での不安を、保育者のそばにいることでやりすごしていることが分かります。

5領域 健康 人間 環境 **言葉** 表現　**10の姿** 健康 自立 協同 規範 社会 思考 自然 数字 **言葉** 表現

食事中の会話

口の中に食べ物をたくさん入れたまま大声でしゃべることがあり、口から食べ物をこぼすこともあったので、飲み込んでから話すように伝えた。楽しく会話しながら食事できるようになってきた。

解説 楽しく話しながら食べるための食事のマナーを、徐々に身に付けている様子が分かります。

5領域 健康 [人間] [環境] [言葉] [表現]　10の姿 健康 [言葉]

徐々に返事ができるように

名前を呼ばれたら、こちらは見るが返事がすぐに返ってこなかった。元気に「はい」と言うと気持ちがよいことを伝え、友達の返事を聞かせるようにした。小さな声で返事ができたときに大いに認めると自信をもち、少しずつ声が出せるようになった。

解説　少しでもできたときに認めることが自信につながり、自分なりに返事ができるようになりました。

5領域 健康 [人間] [環境] [言葉] 表現　10の姿 表現

当番活動に喜び

当番になることがうれしく、張り切って仕事をする。職員室へ出席の報告をする際、深々とおじぎをしたり、「みんな元気に遊んでいるので心配しないでください」と付け加えたり、自分なりに工夫して行動できる。

5領域 [健康] 人間 [環境] 言葉 [表現]　10の姿 言葉

物の貸し借り

自分が使いたいものは、しつこく「貸して」と言い続け、奪うような行動が見られたので、友達も使いたいという気持ちを代弁し伝えた。すると、「終わったら貸して」と言って、待つこともできるようになってきた。

「終わったら貸してね」

5領域 健康 人間 環境 [言葉] [表現]　10の姿 自立

新しいクラスでの安心感

進級当初は新しいクラスにとまどいを感じ、涙ぐむことが多かった。旧担任のクラスへ行くこともあった。笑顔で話しかけ、スキンシップをとったり、好きな折り紙の遊びを準備したり、保育室で安定していられるように配慮したら、5月には自分で遊びを見つけられるようになった。

遊びの傾向

4歳児

POINT
- 好きな遊びにじっくり関われたでしょうか。
- 遊びをさらに楽しくする工夫をしていたでしょうか。
- 友達と言葉を交わしながら遊ぶ姿を大切にします。

5領域 健康 人間 環境 言葉 **表現**　　**10の姿** 健 自 協 道 社 思 自 生 数 言 **表現**

工作にじっくり取り組む

工作などをとてもていねいに、こだわりをもちながらつくる。ペースが遅く時間がかかるが、一つ一つ納得しながら次に進むことが大切な学びであると捉え、急がせず見守っている。

5領域 健康 人間 環境 言葉 **表現**　　**10の姿** 健 自 **協同** 道 社 思 自 生 数 言 **表現**

巨大な砂ケーキを完成させる

砂場で友達と大きな砂ケーキをつくりながら、どうすればもっと高く積み上げられるのかを話し合った。水をかけて固めながら積み上げ、イメージした巨大ケーキを完成させ、喜びを共有した。

5領域 **健康** **人間** 環境 言葉 表現　　**10の姿** **健康** 自 協 道 社 **規範** 思 自 生 数 言 表

助け鬼のお助け係

助け鬼では、鬼に見つからないように隠れていて、捕まった人をタッチして助けることを楽しんだ。「ありがとう」と言われることがうれしく、友達への思いが強まった。

5領域 健康 人間 環境 言葉 表現　**10の姿** 健康

のぼり棒にチャレンジ

友達がのぼり棒にのぼっていても自分は無理だとあきらめてやろうとしなかったので、保育者の握りこぶしに足をかけてのぼるように勧めた。半分くらいのぼると気持ちがよかったようで、それから自分で挑戦し始め、11月にはのぼれるようになり、達成感を味わった。

解説 挑戦するきっかけを保育者がつくることでやる気が生まれました。

5領域 健康 人間 環境 言葉 表現　**10の姿** 自立

自分のクラスでの居場所

3歳児クラスに妹がいるため、1学期は妹の様子を見に行くことが多く、自分のクラスの遊びには入りにくそうだった。2学期には妹はもう大丈夫だから、自分のクラスで十分に遊ぶことが大切だと伝えた。2学期の後半には自分の遊びや友達を見つけ、遊べるようになった。

5領域 健康 人間 環境 言葉 表現　**10の姿** 自立

遊びの様子を見てから加わる

遊びを決めるまでに時間がかかるが、決めるとじっくりと楽しんで関わっている。誘う援助もしてみたが、自分で納得できるまで遊びの様子を見て自分から入っていくことが大切だと思い、見守っている。

解説 自分なりの遊びに加わる段取りやペースを尊重することで安心感をもって遊べています。

5領域 健康 人間 環境 言葉 表現　**10の姿** 自立

困難を乗り越える意欲

遊びの中で困難に出合うと、あきらめたり途中でやめたりする様子が見られた。どうすればうまくいくのかを一緒に考え、困難を乗り越えて達成する喜びを伝えたところ、保育者に相談しながら自分で乗り越えようという気持ちをもつようになった。

第6章 4歳児の文例　遊びの傾向

友達と力を合わせて砂遊び

5領域 健康 **人間** **環境** 言葉 表現 **10の姿** 健 自 **協同** 規 社 思 **自然** 数 言 表

砂遊びが好きで積極的に関わる。はじめは一人で山などをつくることが多かったが、そこで友達と出会い、みんなで力を合わせて水路などを工夫するようになった。友達がいるよさを味わうことができた。

工夫しておもちゃをつくる

5領域 健康 **人間** **環境** **言葉** **表現** **10の姿** 健 自 協 **規範** 社 **思考** 自 数 言 表

ドングリごまづくりでは、つまようじの長さや穴の開け方を工夫し、よく回るドングリごまをつくって楽しんだ。うまく回らない友達にも力を貸し、それがきっかけで頼りになる存在としてみんなに認められた。

工夫して造形作品をつくる

5領域 健康 人間 **環境** 言葉 **表現** **10の姿** 健 自 協 規 社 **思考** 自 数 言 **表現**

舟づくりに熱心に取り組んだ。牛乳パックや発泡トレー、木片など、いろいろな種類の材料を出しておくと、自分なりに工夫してつくって試す行動が見られた。

意欲的に大型作品をつくる

5領域 健康 **人間** **環境** 言葉 **表現** **10の姿** 健 自 **協同** 規 社 **思考** 自 数 言 表

牛乳パックをレンガに見立てて、子ブタのおうちづくりに没頭した。牛乳パックが少なくなった際は、他のクラスにまで協力を呼びかけるというような行動ができるようになった。

> **解説** 作品のための材料集めなどに熱心に取り組み、自分から進んで行動できる姿が読み取れます。

みんなの前で踊りを発表

5領域：健康／人間／環境／言葉／表現　10の姿：協同／表現

音楽をかけて踊ることを好む。その場で踊るだけでなく、お客さんを呼んでステージでやりたいという願いをもち、友達と大型積み木を運んだり、椅子を並べたりした。そこでお客さんに見てもらい、満足感を味わった。

解説：自分たちで準備して、得意なことをみんなの前で披露できたことが大きな自信になりました。

ごっこ遊びの世界が広がる

5領域：健康／人間／環境／言葉／表現　10の姿：協同／表現

ロングスカートをはいて、お姫様になることを好む。ブレスレットや髪飾りなど気分にひたれるようなグッズを用意して、モールなどで自分たちでもつくれる環境を整えてきた。お城をつくったり、ストーリーを加えたりと、友達と工夫しながら楽しむ力が付いてきている。

解説：道具をつくったり物語を加えたりして、ごっこ遊びの世界が多様に広がっています。

ペープサートを演じる

5領域：健康／人間／環境／言葉／表現　10の姿：協同／言葉／表現

ペープサートの遊びでは、クマを自分でつくり、セリフを即興で考えながら友達のペープサートとの関わりを生み出した。楽しく演じているので3歳児にも見せてあげようと誘ったところ、乗り気になって椅子を並べたり呼びに行ったりと意欲的に活動した。

ごっこ遊びから発表会へと

5領域：健康／人間／環境／言葉／表現　10の姿：社会／表現

劇遊びには抵抗があったが、日頃よく遊んでいる電車の運転士役で出ることを提案すると、すんなり遊びに入ることができた。運転士の帽子をつくったり電車を調べたりすることで気持ちも高まり、発表会当日は大きな声でセリフを言いながら楽しんだ。

解説：ごっこ遊びでなじみがある役につくことで、発表会での役柄にスムーズに取り組めました。

第6章　4歳児の文例　遊びの傾向

友達との関係

4歳児

POINT
- 気の合う友達と遊ぶ姿を見つめます。
- 思ったことや考えたことを伝え合っているでしょうか。
- 相手の気持ちを受け止めているでしょうか。

5領域 健康 環境 言葉 表現　**10の姿** 健康

友達との交渉に成功

友達がボール遊びをしているところに「ぼくも入れて」と仲間入りを求めるが、「嫌だ」と言われて戻ってきた。保育者に「もう一度、行ってごらん」と言われ、あきらめずに仲間入りを求めて自分から走って行き交渉した。

5領域 健康 人間 環境 言葉 表現　**10の姿** 規範

自分のこだわりと相手の気持ち

善悪に対して強いこだわりをもっているので、相手を許せないことがあった。そうせずにはいられなかった相手の気持ちを伝え、誰でも失敗することがあると話すと、次第に広い心をもてるようになってきている。

> **解説**
> 相手の行動の結果だけにとらわれず、そのときの気持ちにも目を向けられるようになりました。

5領域 健康 人間 環境 言葉 表現　**10の姿** 規範

仲間外れにする

そのときの気分で、「お前は入れない」と言うことがあり、相手が傷ついている場面が見受けられた。理由や、どうすれば入れてもよいのかを尋ね、相手の気持ちも伝えるようにした。そうすると、「同じ剣をつくってきたらいい」など、状況を見ながら歩み寄れるようになった。

遊びを抜ける手続き

5領域：健康・人間・環境・言葉・表現　10の姿：規範

遊びに入っても勝手に抜けてしまうので、友達に苦情を言われることがあった。仲間だと思って待ってくれたことを伝え、抜けるのであれば理由を言うという手続きを知らせると、黙って抜けることはなくなった。

自分に有利なルール

5領域：健康・人間・環境・言葉・表現　10の姿：規範

自分のやりたいようにルールを変えていくことがあり、周りの子は困りながらも言いなりになっていることがあった。周りの子にも思いを伝えるように援助しながら、友達の気持ちに気付いてほしいと伝えたところ、次第に公平になるように考えられるようになってきた。

解説：自分勝手なルールではなく、友達の気持ちに目を向けて、公平なルールを考えられるようになりました。

気に入らない子を排除

5領域：健康・人間・環境・言葉・表現　10の姿：規範

気に入らない子がいると、「あの子と遊んではダメ」と友達に耳打ちする行動が見られた。相手の子の何が気に入らないのかを尋ねながら、その子のよさを伝えるようにし、自分が言われた場合の気持ちも考える機会をつくった。自分の中で気持ちを抑えることを経験している。

新たな友達との出会い

5領域：健康・人間・環境・言葉・表現　10の姿：社会

1学期は3歳児クラスで同じクラスだった友達と遊ぶことが多かったが、2学期は運動会をきっかけに新入園児の友達との行動が増えた。いろいろな友達から刺激を受けて、経験を広げている。

第6章　4歳児の文例　友達との関係

ボールをゆずる

5領域　健康　人間　環境　言葉　表現　　10の姿　規範

転がしドッジボールで自分ばかりがボールを取ってしまうので、他の子に苦情を言われることがあった。みんなが楽しくなるように時にはゆずることも大切だと知らせると、状況を見ながら自分の気持ちや行動をコントロールできるようになった。

解説　他の子のやりたい気持ちも受け止めて、行動を選択していることが分かります。

ケンカの後の気持ちの切り替え

5領域　健康　人間　環境　言葉　表現　　10の姿　健康　規範

ケンカの後、相手が謝っているのに受け入れられず、いつまでも怒っていることが続いた。悔しい思いに共感しつつ、気持ちを切り替えて付き合えるように、広い心で許すのも大切だと伝えた。すぐに切り替えるのは難しいが、少しずつ気持ちをコントロールしている。

解説　トラブルの後に、相手の謝罪を受け入れて気持ちを切り替える手段を身に付けています。

守れない約束をする

5領域　健康　人間　環境　言葉　表現　　10の姿　規範

調子よく約束をするが、実現できないことも約束してしまうことがあるので、言ったことに責任がもてるように見守っているところである。

「明日ブロックしよう」

友達のまねから

5領域　健康　人間　環境　言葉　表現　　10の姿　社会

友達のしていることをよく見ており、気に入ったものはまねてつくろうとしたり、同じ遊びに加わったりと、友達から刺激を受けて自分の世界を広げている。

友達関係の広がり

5領域: 健康 / 人間 / 環境 / 言葉 / 表現　**10の姿**: 自立

仲よしの友達の前では伸び伸びと自分を出すことができるが、他の子の前だとおとなしくなってしまう様子が見られた。相手を知るまでは警戒する気持ちが生まれるものだと考えて、相手のことを知らせたりするうち、次第に伸び伸びとふるまうことができるようになった。

解説: 相手のことを知る機会を設けることで、新しい人間関係を広げられるようになりました。

自分の思いを伝える

5領域: 健康 / 人間 / 環境 / 言葉 / 表現　**10の姿**: 言葉

仲よしの友達の後に付いて遊ぶことが多かった。言いなりになっているわけではないが、自分の思いを出す機会が少ないようなので、インタビュー風に尋ねたりしてみた。自分の言葉で話すことで、友達にも一目置かれるようになり、共に遊ぶ関係になっていった。

どっちでも…いいよ

友達に対して強い口調

5領域: 健康 / 人間 / 環境 / 言葉 / 表現　**10の姿**: 規範 / 言葉

友達に対して命令口調になることがあるので、優しい言い方になるように共に考えることが数回あった。次第に相手が嫌な気持ちにならない言い方ができるようになってきた。

解説: 相手の気持ちを伝えながら、共に言い方を考えたことが言葉を増やすことにもつながっています。

怒りのコントロール

5領域: 健康 / 人間 / 環境 / 言葉 / 表現　**10の姿**: 規範 / 言葉

カッとなると相手を強く押してしまうことがあったので、悔しかった気持ちに共感しながら、何と言えば相手が分かってくれるかを一緒に考えるようにした。2学期になると、感情が爆発しそうになっても一呼吸おいて、言葉を探せるようになった。

解説: 保育者が気持ちに共感し一緒に相手に伝える言葉を考えることで、怒りを制御できるようになりました。

興味・関心

4歳児

POINT
- 見たことや感じたことを話そうとしているでしょうか。
- 身近な動植物との触れ合いを楽しむ姿を探します。
- 園の行事に関心をもち、参加する様子を記述します。

5領域 健康 人間 環境 言葉 **表現**　**10の姿** **表現**

役柄を工夫して演じる

発表会では「手ぶくろ」のおじいさん役を希望した。おじいさんだから腰を曲げてみるとか、しわがれ声にしてみるなど、自分なりに工夫して演じ、みんなに認められて充実感を味わった。

5領域 健康 **人間** 環境 言葉 表現　**10の姿** **健康**

自分なりに行事を楽しむ

体操の速い動きについていけず、運動会そのものまで嫌いになった時期があった。動きは全部でなく気に入ったポーズだけすればよいことを伝え、並び順も他の子が目に入らない最前列にしたところ、保育者と目を合わせながら好きな動きだけを楽しくできるようになった。

5領域 健康 **人間** 環境 言葉 表現　**10の姿** **規範**

1番へのこだわり

1番にこだわり、ずるい行動をしてしまうことがあった。勝ったり負けたりするから楽しいことを伝え、ずるい行動はみんなを嫌な気持ちにすることを告げた。また、努力する姿を認めて、1番になったことにあまり反応しないようにした。価値観の基準を変えるように援助している。

解説　1番という結果だけに目を向けずに、努力する過程を大切にできるよう見守っています。

保育参観での姿

5領域：健康 / 人間 / 環境 / 言葉 / 表現　　**10の姿**：健康 / 思考

参観日になると保護者のそばから離れない。うれしさもあるだろうが、自信のなさもあると考える。遊びの工夫を認めて、保護者を驚かせようと働きかけた。2学期にはケーキ屋さんの遊びを見てもらい、成長を感じたという保護者の言葉に誇らしい顔を見せた。

行事で代表として活躍

5領域：健康 / 人間 / 環境 / 言葉 / 表現　　**10の姿**：健康 / 言葉

運動会の「誓いの言葉」の代表になったことがうれしく、張り切って何度も大きな声で言ってみていた。運動会後、ほめられたことがうれしく、「ぼくが言ってあげる」と、いろいろなことに積極的に関わるようになった。

飼育動物への親しみ

5領域：健康 / 人間 / 環境 / 言葉 / 表現　　**10の姿**：自然

ウサギに興味をもち、5歳児が世話をしているそばでじっと見ていることが多かった。5歳児に「抱っこしてみる?」と誘われ、こわごわ抱かせてもらったことが自信となり、さらに親しみをもったようだ。3学期には世話の仕方を習いながら、一緒に小屋の掃除なども楽しんでいる。

解説：動物に触れたり世話をしたりすることで、動物への親しみが増している様子が分かります。

虫への関心が深まる

5領域：健康 / 人間 / 環境 / 言葉 / 表現　　**10の姿**：自然

バッタやコオロギを捕まえることに興味をもち、虫かごと網を持って園庭に出ていくことが多かった。図鑑をいつも見られるところに出しておいたところ、バッタの種類にも詳しくなり、友達に教えるようになった。

解説：子どもの関心を捉えて、それをさらに深める援助をすることでより充実していることが分かります。

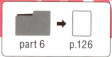

5領域 環境 言葉 　10の姿 言葉

言葉遊びを楽しむ

「あたまに"ま"の付くもの集め」などの言葉遊びをしたところ、熱心に身の回りから言葉を探し、「まくら」「まち」などと積極的に発表した。「○○にも"ま"が付く」と言葉に敏感になり、発見を楽しんでいる。

5領域 環境 言葉 　10の姿 自然 言葉

星に興味をもつ

月見のとき、夜空に星が見えることを友達に話し始める。次の日、図鑑や本を友達と見て、星をつなぐといろいろな形になることを知った。また、両親から聞いた星にまつわる話を友達に話して聞かせることもあった。

5領域 表現 　10の姿 表現

楽器に親しむ

音楽会で演奏したウッドブロックに興味をもち、「階段を上る音」「キツツキがお話ししている声」など自分のイメージを表現した。いつでも使えるところに置くと、遊びの中で様々な効果音に生かしている。

5領域 人間 環境 言葉 　10の姿 自然 言葉

野菜の生長を観察

ミニトマトの生長に関心をもち、花がいくつ咲いているとか、実が赤くなったなど、喜びながら保育者に知らせに来る。友達にも教えてあげてほしいと伝えたところ、登園してくる友達みんなに声を掛けるようになった。

 解説　栽培している野菜の生長に注目して友達に伝えることで、情報を発信する楽しさを経験しています。

第7章

5歳児の
文例

学年の重点

5歳児

POINT
- 協同的な学びができるように環境をつくります。
- 全員がその姿に近づくように指導します。

- 友達と互いに認め合い、力を合わせて主体的に園生活を進める。

- 目的に向かって工夫しながら、様々な活動に取り組む。

- 友達と思いを伝え合いながら、協力して活動する。

- 人との関わりの中で、役割を考えたり分担したりしながら、活動を進める。

- 友達と感じたことや考えたことを表現し合いながら、いろいろな活動に取り組む。

- 自分で考えたり、友達と力を合わせたりして、意欲的に園生活を送る。

- 自分の気持ちや考えを表現しながら、友達と協力し、共に活動する楽しさを味わう。

- 様々な活動に主体的に取り組み、試したり工夫したりする。

- 生活の中から自分なりの課題をもち、友達と一緒に考えたり工夫したりする。

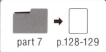

- 様々な経験や活動を通して、行動力、思考力、表現力を養う。

- 園生活に見通しをもち、自分なりに考えを巡らせながら主体的に生活する。

- 身近な人々や事象に積極的に関わり、感謝の気持ちや思いやりの心をもつ。

- 自分のやりたいことや役割を自覚し、責任をもって行動する。

- いろいろな場面で、状況に応じた言動を考え、みんなが気持ちよく生活できるようにふるまう。

- 身近な環境に親しみ、自分たちの生活を楽しくするために工夫して取り入れようとする。

- 生活の中で感動したことを友達と分かち合い、共に高め合う。

- 様々な経験から規範意識を培（つちか）い、人と共に暮らすよさを感じる。

- 自己の力を発揮しながら、物事に意欲的に取り組む。

- 友達と関わる中で、思いやりの心をもって行動する。

- 自分で考え、主体的に動いていく遊びを楽しむ。

- 一人一人が力を出し合い、集団でやり遂げることの喜びを知る。

- 自分の成長に気付き、周囲の人への感謝の気持ちをもつ。

個人の重点

5歳児

POINT
- 修了までに伸ばしたいことを意識して働きかけます。
- 1年間心がけてきた援助を書きます。

5領域 健康　　**10の姿** 健康

自分の考えや行動に自信をもち、前向きに生活する。

5領域 健康　　**10の姿** 健康・自立

苦手なものにも挑戦していこうという意欲をもつ。

5領域 人間　　**10の姿** 協同

遊びの中で友達とイメージを共有し、目的に向かって取り組む楽しさを味わう。

5領域 人間　　**10の姿** 協同

友達の気持ちを受け止めて、協調して生活する。

5領域 人間　　**10の姿** 規範

様々な遊びを通して、ルールを守ることの大切さを経験する。

5領域 人間　　**10の姿** 規範

人との関わりの中で、集団生活において必要な態度を身に付ける。

5領域 人間　　**10の姿** 規範

5歳児として年上の自覚をもち、年下の子に温かく接する。

5領域 人間　　**10の姿** 自立・協同

友達との連帯感を深めながら、自分の課題に主体的に取り組む。

5領域 言葉　　10の姿 言葉	5領域 表現　　10の姿 表現
自分の思いや考えを、友達に言葉で伝えていく。	周囲を意識しすぎることなく、伸び伸びと自分を表現する。

5領域 健康 人間　　10の姿 健康 自立	5領域 健康 人間　　10の姿 健康 自立
最後まであきらめずに取り組み、達成感を味わう。	自分のめあてに向かって意欲的に取り組み、やり遂げた充実感を味わう。

5領域 人間 環境　　10の姿 自立 思考	5領域 人間 環境　　10の姿 協同 社会
興味をもった遊びにじっくり取り組み、達成感を味わう。	様々な活動に積極的に取り組み、経験を広げるとともに、友達とのやりとりを楽しむ。

5領域 人間 環境　　10の姿 協同 思考	5領域 人間 言葉　　10の姿 協同 言葉
自分のアイデアを実現するために材料や遊具を考え、友達と話し合いながら遊びを進める。	気の合う友達と思いを伝え合いながら、遊びを進める楽しさを味わう。

5領域 人間 表現　　10の姿 協同 表現	5領域 人間 表現　　10の姿 協同 表現
遊びの中で友達とのやりとりを楽しみ、自分の気持ちや考えを、いろいろな方法で表す。	気の合う友達と様々な表現を楽しみ、意欲的に活動に取り組む。

生活への取り組み

5歳児

POINT
- 生活に見通しをもち、計画的に進めているでしょうか。
- 困難があっても相談して対策を考える生活を支えます。
- 自分の仕事を責任をもってやり遂げる姿を大切にします。

5領域 健康 人間 環境 言葉 表現　　**10の姿** 健康

休みがちだったが仲間に加われるように

休みがちなので集団生活の経験の大切さを伝え、久しぶりの登園でもとまどわないように、何をしているのかクラスの動きを説明した。年度の後半にはスムーズに仲間に加われるようになった。

次は外遊び！

5領域 健康 人間 環境 言葉 表現　　**10の姿** 健康

歯みがきをていねいに

歯が抜け始め、大人の歯が顔をのぞかせていることがうれしく、食後の歯みがきをていねいにするようになった。ときどき鏡に映してチェックしている。

解説　自分の変化に気付くとともに、歯を大切にしようとしています。

5領域 健康 人間 環境 言葉 表現　　**10の姿** 自立 規範

係に熱心に取り組む

タオル教え係になることを自分で決め、降園準備の後、タオルを忘れている子に声を掛けた。お礼を言われるとさらにうれしくなり、自分の仕事に誇らしい気持ちで取り組んでいる。

解説　友達から感謝されることが係としての責任感や充実感につながっています。

動物の世話係としての自覚

5領域 健康 人間 **環境** 言葉 表現　**10の姿** **自立**

早く遊びたいために、ニワトリの世話がいい加減になることがあった。汚れが残っているとニワトリが病気になる危険があることを伝えると、ていねいに世話するようになった。ニワトリが元気でいるのは世話してくれた人のおかげなのだと、したことのよさを伝えている。

解説　自分が責任をもって世話をしないと動物が病気になると知り、ていねいに世話をするようになりました。

物を大切にする

5領域 健康 人間 **環境** 言葉 表現　**10の姿** **社会**

活発で、かばんをふり回したり引きずったりするので、ボロボロになっている。物は大切にすると長持ちすることをタオルで拭きながら伝えた。ちぎれそうなところは一緒にテープをはって修理すると、3年間を共にした友として、大切にしようとする気持ちになった。

解説　一緒にかばんの手入れをすることで、物を大切にする気持ちが出てきました。

飼育動物への優しさ

5領域 健康 人間 **環境** 言葉 表現　**10の姿** **自然** **表現**

ウサギ小屋が古くなったことから、自分たちで新しいものをつくりたいという願いをもち、材料置き場から適当な木材を運んでつくり始めた。ウサギが痛くないようにと、やすりをかける姿にも、思いやりの気持ちを感じた。

自分から発言できるようになる

5領域 健康 人間 環境 **言葉** 表現　**10の姿** **言葉**

仲のよい友達がいろいろなことを先に話すため、自分から話すチャンスがあまりなかった。そこで、友達が言う前に、自分から話すように促したところ、とつとつとだが話せるようになった。3学期には自信をもって発言できるようになった。

見通しをもった片付け

5領域 健康 | **10の姿** 健康 社会

片付けの時間が分かるようになり、区切りのよいところで片付け、続きは明日、と見通しをもつことができるようになった。途中のものは邪魔にならないよう小さくまとめ、他の人に分かるように「せいさくちゅう、さわらないで」と看板を付けるなどの工夫をした。

よくかんで食事を楽しむ

5領域 健康 言葉 | **10の姿** 健康 言葉

1番に食べ終わりたいため、かまないで飲み込んでしまう様子が見られたので、よくかまないとおなかが痛くなることなどを伝えた。また、楽しい話題を話しかけると、箸のスピードをゆるめて話に加わるようになり、次第に楽しく食事することができるようになってきた。

解説 よくかむ大切さを知ると同時に、楽しく話しながら食事ができるようになりました。

係活動の達成感

5領域 人間 環境 | **10の姿** 自立 自然

やきいもパーティーでは、いも洗い係になり、いもを傷つけないよう1本1本ていねいに洗った。友達と「おいしくなあれ」の魔法をかけながら、手が冷たいのもがまんして全部を洗い上げ、達成感を味わった。

解説 係としての責任感をもち、活動に懸命に取り組んで達成感を味わった様子が分かります。

小さい子への思いやり

5領域 人間 言葉 | **10の姿** 規範 言葉

5歳児クラスとしての自覚をもち、年下のクラスへの手伝いも進んで行った。小さい子が分かるように話し方などを工夫し、思いやりの心が育った。

こっちだよ

5領域 健康 人間 環境 言葉 表現　　10の姿　　規範　　言葉

あいさつを返そうとする

恥ずかしがることが多く、あいさつを返すのも小さな声しか出なかったので、相手に聞こえないと返事してくれなかったと寂しい気持ちになることを伝えると、意識して返そうとするようになった。

5領域 健康 人間 環境 言葉 表現　　10の姿　　規範　　言葉

年上としての責任感

年下の子に優しくしようという気持ちをもっている。分かりやすく話したり、危ないと思うときは手をつないだりする。年上としての意識や責任感が育っている。

5領域 健康 人間 環境 言葉 表現　　10の姿　　自立　協同　　数・字

係に工夫して取り組む

カレンダー係になり、行事や毎日の出来事、遊びなどをクラスのカレンダーに記入した。いつも同じ人の話題にならないよう、いろいろな人に聞いて回り、自分なりに工夫して書いていた。

5領域 健康 人間 環境 言葉 表現　　10の姿　　自立　　言葉　表現

発表会での活躍が自信に

人前で発言することにはとまどいがあったが、発表会で堂々と役になりきり、大きな声でセリフを言えたことが自信となった。小学生との交流会でも、遊びの紹介を楽しんで行うことができた。

> **解説**　行事での達成感が自信となり、他の機会でも自信をもって発表できるようになりました。

遊びの傾向

5歳児

POINT
- 自分たちで主体的に遊びをつくりあげているでしょうか。
- 協同的な遊びの中で何を学んだのでしょうか。
- 工夫しながら、より楽しくしようとする姿を記述します。

5領域 健康 人間 環境 言葉 **表現**　　**10の姿** 健康 自立 協同 規範 社会 思考 自然 **思考** 言葉 **数字** 表現

遊びをつくり出す力が育つ

折り紙を折って風船をつくり、鉛筆で6面に丸を書いて、「サイコロつくったよ」と満足げに保育者に見せた。「すごろくに使えるね」と言うと、友達と一緒にすごろくを描き始めた。イメージがつながり、遊びをつくり出す力が育っている。

5領域 健康 **人間** 環境 言葉 表現　　**10の姿** **健康** 自立 **協同** 規範 社会 出生 自然 思考 言葉 表現

力いっぱい、すもうで遊ぶ

はじめはすもうに消極的だったが、体をぶつけ合ううちに安心感が生まれ、力を出し切れるようになった。また、友達の声援がうれしくなり、進んで取組の列に並ぶようになり、体力もかなり付いてきている。

5領域 健康 **人間** 環境 言葉 表現　　**10の姿** **健康** 自立 協同 **規範** 社会 出生 自然 思考 言葉 表現

みんなでサッカーを楽しむために

サッカーに熱心に取り組んだ。はじめは自分のチームが勝つことが何より大事だったが、みんなが楽しむために大切なことを考える機会を設けた。その後はあまりボールをけっていない子にボールを回すなど、他の人の気持ちも考えてふるまえるようになった。

解説：勝敗だけにこだわらず、どうすればみんなが楽しめるかを考えられるようになりました。

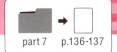

逆上がりに挑戦

5領域 健康 人間 環境 言葉 表現　**10の姿** 健康

逆上がりができる友達をうらやましそうに見ていたが、補助板を出すと自分も挑戦し始めた。3学期にはできるようになり、自信を高めた。

解説　やってみようとする気持ちを大切にして認める援助をしたことが、やればできると思うことにつながりました。

友達と一緒に遊ぶよさ

5領域 健康 人間 環境 言葉 表現　**10の姿** 規範 社会

こま回しに熱中し、何度も失敗しながら台の上で回せるようになった。まだ回せない友達に、ひもの巻き方や投げ方を教え、友達ができるようになると自分のことのように喜ぶ優しさがある。「せーの」と言いながら一緒に回すなど、友達と共に遊ぶよさを十分に味わった。

解説　自分ができるようになったことを、友達と共有して楽しもうとする様子が見られます。

勝てるように、粘り強く取り組む

5領域 健康 人間 環境 言葉 表現　**10の姿** 自立 数字

かるたで負けると、くやしくて涙が出ることがあった。勝ったり負けたりするから楽しいことを伝え、負けばかり続かないようにメンバーやルールを変える援助をした。強い友達は何度もやっていることに気付き、粘り強く取り組んで、たくさん取れるようになり充実感を味わった。

解説　負けてくやしい気持ちをばねに、何度も取り組んで努力する姿が見られました。

体験を遊びに展開する

5領域 健康 人間 環境 言葉 表現　**10の姿** 思考 表現

夏休みに体験したキャンプを思い出し、9月にはキャンプファイヤーの遊びを友達と一緒につくり上げた。火の感じを出すために赤いセロハンに光を当てることを考え、懐中電灯の角度や置き方などを工夫した。

| 5領域 | 健康 | 人間 | 環境 | 言葉 | 表現 | 10の姿 | 思考 | 表現 |

劇遊びで工夫して演じる

ピーターパンごっこのフック船長になり、太い声を出して海賊らしくふるまうことを楽しんだ。カギの手をつくりたいと段ボールを使って工夫していた。演じて遊ぶ喜びを経験できた。

| 5領域 | 健康 | 人間 | 環境 | 言葉 | 表現 | 10の姿 | 健康 | 規範 | 自然 |

プール遊びに積極的になる

水が苦手だったが、水中氷鬼をした際に友達を助けたい一心で股をくぐり、水に顔をつけることができた。それが自信となり、プール遊びに積極的になった。

| 5領域 | 健康 | 人間 | 環境 | 言葉 | 表現 | 10の姿 | 自立 | 思考 | 表現 |

ゲームをおもしろくする工夫

ドングリを転がすゲームをおもしろくするために、釘を打つ方向や道を考えた。ときどき指を金づちでたたき、痛い思いをしながらも粘り強く取り組んで、みんながやりたくなるようなゲームを完成させた。

| 5領域 | 健康 | 人間 | 環境 | 言葉 | 表現 | 10の姿 | 協同 | 社会 | 表現 |

遊びをつくり上げる楽しさ

踊ることが好きで、音楽をかけては自分たちで振り付けを考えた。衣装や小道具などもつくり出し、ショーをするまでになった。みんなでアイデアを出し合いながら遊びをつくり上げていく楽しさを味わった。

> **解説** 踊りを考えたり道具をつくったり、アイデアが形になっていく楽しさを体験できました。

5領域 健康 人間 環境 言葉 表現　**10の姿** 協同 思考 表現

大きな作品づくり

大きな恐竜をつくりたいという願いをもち、厚紙に下絵をかいた。興味をもって入ってきた友達と話し合いながら完成させ、達成感を味わった。年下のクラスの子どもも招き、恐竜と一緒に保育者に写真を撮ってもらうなど、異年齢との関わりも十分できた。

解説　友達と一緒につくったり小さい子と遊んだり、作品を通して人との関わりが生まれました。

5領域 健康 人間 環境 言葉 表現　**10の姿** 協同 思考 表現

友達とアイデアを認め合う

お店屋さんごっこでは、ハンバーガーのつくり方で言い合いになったが、相手のよさも認めつつ、それぞれの工夫で豊かな表現ができた。多様な感じ方や表現の仕方があることを知り、物の見方に広がりが生まれた。

解説　意見の違いでぶつかった経験を通し、人によっていろいろな表現があることを知りました。

5領域 健康 人間 環境 言葉 表現　**10の姿** 社会 数字 表現

絵本づくりの広がり

絵本をつくることを楽しんだ。人に読んでほしくて図書館を開くことにし、本棚づくりや貸し出しカードづくりなどにも活動を広げていった。たくさんの人が来てくれたことがうれしく、さらに意欲的に絵本をかくことにつながった。

5領域 健康 人間 環境 言葉 表現　**10の姿** 社会 数字 表現

作品をプレゼントに

マフラー編みを好み、友達と会話を交わしながら何本もつくった。毛糸の色を替えると縞模様になることを楽しみ、美しい配色を工夫した。メッセージを付けてプレゼントするなど、人を喜ばせたいという気持ちも育った。

「マフラーできた！」

友達との関係

5歳児

POINT
- 思いや考えを伝え合う姿を大切にします。
- 目的に向かい、力を合わせようとしているでしょうか。
- トラブルを自分たちで解決した場面を思い起こしましょう。

5領域 健康 **人間** 環境 言葉 表現 10の姿 健康 自立 協同 **規範** 社会 思考 自然 数字 言葉 表現

自己主張がやや強い

園生活を楽しんで、様々な活動に意欲的に取り組む。自己主張が強いため、時には友達と対立することもある。気持ちを受け止めた関わりをすることで、冷静に気持ちの整理をして物事のよしあしを判断できるようになりつつある。

5領域 健康 **人間** 環境 言葉 表現 10の姿 健康 自立 協同 **規範** 社会 思考 自然 数字 言葉 表現

友達の意見を聞く

友達の意見に耳を傾けることができるようになり、トラブルが起きても折り合いを付けていこうと模索している様子がうかがえる。

> **解説**
> 自分の意見だけを主張せずに、相手の意見を聞いて調整していく力が育ってきています。

5領域 健康 **人間** 環境 言葉 表現 10の姿 健康 自立 協同 **規範** 社会 思考 自然 数字 言葉 表現

友達をなぐさめる

友達が悲しんでいると、そばに寄り添ってなぐさめるという優しさが見られる。自分が悲しかったときに、してもらった経験があるようだ。心を通わせることで、友達の輪を広げている。

友達の力になる

5領域 健康 **人間** 環境 言葉 表現　**10の姿** 規範

いろいろなことに積極的に取り組むので、友達から信頼されている。困っているときには友達を助けたいという気持ちをもっている。助けてお礼を言われると、さらに自信をもち、力になろうという気持ちを強くしている。

解説　友達を思いやる気持ちが育ち、さらに相手に感謝されることで自信にもなっています。

弱みを見せられない

5領域 健康 **人間** 環境 言葉 表現　**10の姿** 健康 規範

都合の悪いことは友達にやらせようとするところがあった。本人の思いを尋(たず)ねながら、ありのままの自分でスタートして、よいと思った行動をしていくのだと伝えた。自分でも考え、先を見据えながら行動しようとしている。

男の子とも仲よく

5領域 健康 **人間 環境** 言葉 表現　**10の姿** 社会

姉妹の中で育っているためか、男の子との関わりをもとうとしなかった。遊びの中で自然に関わったり、男の子のよさを伝えたりしてきたら、2学期には仲のよい男の子の友達もできた。

解説　男の子に抵抗があることを察知し、自然な形での関わりをもたせたことで世界が広がりました。

仲よし以外との関わり

5領域 健康 **人間 環境** 言葉 表現　**10の姿** 協同 社会

仲のよい友達と二人の世界を大切に過ごすことが多かったが、他の友達のよさを感じられないと思い、意図的に他の友達との関わりが生じる働きかけをした。二人の遊びに数人が加われるようにすると、二人を含んだ大きなグループでのやりとりができるようになった。

解説　二人を引き離すのではなく他の友達を引き入れる援助で、友達関係がスムーズに広がりました。

5領域 健康 人間 環境 言葉 表現 **10の姿** 健康 自立 規範 社会 思考 自然 数学 言葉 表現 協同 思考

友達の手助けに感謝

仲のよい友達と二人で段ボールの家をつくっていたが、なかなかうまくいかなかった。困っているのを見た別の二人がアイデアを出して手伝うと、思った以上の家ができた。友達のよさに気付き、感謝の気持ちも伝えることができた。

5領域 健康 人間 環境 言葉 表現 **10の姿** 規範 社会

ふざけすぎて迷惑をかける

おもしろいことを言ってみんなを笑わせるムードメーカーだが、ふざけすぎて周囲に迷惑をかけることもあった。本人のよさは認めつつも、どうすればよかったかを本人に問いかけるようにすると、場をわきまえたふるまいができるようになってきた。

> **解説** 子どもに問いかけて本人が考える機会を設けることで、場の雰囲気に対応できるようになりました。

5領域 健康 人間 環境 言葉 表現 **10の姿** 協同 言葉

お互いの思いを伝え合う

自分勝手にふるまうことが多く、トラブルが多かった。相手の気持ちを聞き、自分の思いも伝えることで、どうすれば両方とも楽しく遊べるかを考えていこうとするようになってきた。

5領域 健康 人間 環境 言葉 表現 **10の姿** 規範 言葉

調整役になる

近くでトラブルが起きると、知らん顔をせずに様子を見て、両者の思いを聞いており、「こうすればいいかもしれない」と解決策を出している。自分が力になれることを考えて行動できるようになった。

悪口を言う

5領域 健康 人間 環境 言葉 表現　**10の姿** 規範　言葉

トラブルになると、くやしまぎれに相手の悪口を言うことがあった。くやしさに共感しつつも、自分がそう言われたらどんな気持ちかを考える機会を設けた。相手に思いを伝えるようにすると、くやしいのは自分だけではなかったことに気付き、悪口を言うことは抑えるようになった。

解説　悪口を言われた側の気持ちや、自分だけがくやしいのではないことに目を向けられました。

いろいろな友達との関わり

5領域 健康 人間 環境 言葉 表現　**10の姿** 規範　言葉

自分の遊びを邪魔されたくないため、あまり遊んだことのない友達を入れない様子が見えた。いろいろな人と関わってほしいと願い、友達と考えを出し合うと遊びが楽しくなることを伝えると、しぶしぶ受け入れた。そのうちに心が通じ合い、歓声をあげるようになった。

自分の考えを主張

5領域 健康 人間 環境 言葉 表現　**10の姿** 規範　言葉

友達に自分の考えを主張できるようになった。2学期には不当なことに泣きながら抗議する姿が見られた。自分なりにトラブルに立ち向かおうとする気持ちが育っている。

相手の気持ちを考えた言葉

5領域 健康 人間 環境 言葉 表現　**10の姿** 規範 社会　言葉

誰にでも自分の考えを伝えることができるが、言ったことを相手がどう思うかは、まだ考えられない。相手の気持ちを考えてから言ったほうがよいことを伝えると、話し始めても途中でやめたり、少しずつ場の雰囲気を読めるようになってきた。

解説　自分の言葉で相手がどんな気持ちになるのかを想像できるようになってきています。

興味・関心

5歳児

POINT
- 社会の事象に興味・関心をもてたでしょうか。
- 挑戦する遊びに意欲的に取り組む姿を見つめます。
- こだわりをもって調べ、表現した場面を捉えます。

5領域 健康 人間 **環境** 言葉 表現　**10の姿** 健康 自立 協同 規範 **社会** 思考 自然 数字 言葉 表現

時刻の認識

時刻に興味をもち、時計を見ながら発言することが増えた。もうすぐ片付けだと友達に伝えることもある。見通しをもった活動ができるきっかけになっている。

解説 時計を読み取り、時間の認識をもつことで、先を見通した活動ができるようになりました。

5領域 健康 人間 **環境** 言葉 表現　**10の姿** 健康 自立 協同 規範 **社会** 思考 **自然** 数字 言葉 表現

天気予報や気象への興味

テレビの天気予報に興味をもっており、登園すると、朝見た情報を再現する。日中も天気が変わると空をながめて、雲の動きや季節についても興味を広げている。

解説 天気予報への興味をきっかけに、自分でも空や雲を観察する様子が見られます。

5領域 健康 人間 環境 **言葉** 表現　**10の姿** 健康 自立 協同 規範 社会 思考 自然 **数字** 言葉 表現

熱心に文字を書く

2学期から文字を書くことに熱心になった。書きたい文字が分からないと、掲示してある五十音表の前に立ち、確認してから書く姿が見られるようになった。

解説 文字への興味が深まり、分からないと調べて覚えようとする意欲が育っています。

5領域 健康 人間 環境 言葉 表現　　**10の姿** 健康 自立

自信がないことを避ける

自信のないことは人前でやろうとせず、避けてしまうところがあった。やればできることを伝え、目立たないところで縄跳びに取り組むことに誘った。やるほどに上達し、友達にも認められるようになり、人前で見せて拍手をもらうことが喜びになってきた。

5領域 健康 人間 環境 言葉 表現　　**10の姿** 自立 自然

どろだんごのつくり方を工夫

堅いどろだんごづくりに没頭して、どうすれば堅くなってよく光るかを試行錯誤し、納得できる一つをつくり上げると、みんなに見せて回り、達成感を味わっていた。

5領域 健康 人間 環境 言葉 表現　　**10の姿** 社会 自然

虫への興味

虫に詳しい友達が刺激となり、虫めがねや図鑑を持って園庭を歩くようになった。はじめは見るだけで触れられなかったが、秋にはコオロギも自分で捕まえられるようになった。

解説 虫への興味が深まり、より詳しく知りたい、触れてみたいと思う意欲につながりました。

5領域 健康 人間 環境 言葉 表現　　**10の姿** 自立 言葉

言葉遊びを楽しむ

五七五でつくったかるたづくりが楽しかったらしく、自分でつくったノートに、指を折り曲げて数えながらつくった川柳をたくさん書いた。帰りの会には「今日の一句」として発表することもあり、みんなを楽しませた。言葉に対する感覚が育っている。

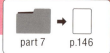
part 7 → p.146

植物の生長を喜ぶ

5領域 健康 人間 環境 言葉 表現　**10の姿** 健康 自立 協同 道徳 社会 思考 自然 数字 言葉 表現

自分たちが植えたサツマイモやトマトに関心をもち続け、毎日水やりを行った。花が咲いたとき、実がなったときなど、大きな感動を味わい、全身で喜びを表現していた。

とれたよ！

音への興味の広がり

5領域 健康 人間 環境 言葉 表現　**10の姿** 健康 自立 協同 道徳 社会 思考 自然 数字 言葉 表現

楽器遊びでは鉄琴に興味をもち、「お星さまの音みたい」と、その音色を十分に味わった。「流れ星の音」「星のケンカ」など、自分で考えた鳴らし方を披露した。音に対するセンスの育ちを感じる。

磁石を使って遊ぶ

5領域 健康 人間 環境 言葉 表現　**10の姿** 健康 自立 協同 道徳 社会 思考 自然 数字 言葉 表現

磁石に興味をもち、砂場で砂鉄を集めたり、クルクル回るおもちゃをつくったりして楽しんだ。友達と共に「手品」と称して、磁石を使った不思議なパフォーマンスをあれこれ考えている姿に、創造力の育ちを感じた。

解説 磁石で遊ぶことから、科学的なものへの興味や新しい遊びを考える創造力が育っています。

手づくり絵本を披露

5領域 健康 人間 環境 言葉 表現　**10の姿** 健康 自立 協同 道徳 社会 思考 自然 数字 言葉 表現

みんなでした紙芝居づくりをきっかけに、絵本づくりを始めた。お話づくりを楽しみ、絵も細かく、ていねいにかいていた。読み聞かせのお姉さん役になり、自分の絵本を見てもらうことで満足感を味わった。

第8章

指導要録の
実例と添削

記入例1

満3歳児　思いのままに行動するAくん

ふりがな		令和 ○ 年度
氏名	○○A男 平成 ○ 年 ○ 月 ○ 日生	**指導の重点等** （学年の重点） 幼稚園生活を楽しみにし、保育者や友達と共に過ごすことを喜ぶ。 （個人の重点） 気に入らないことがあっても暴れずに、保育者に伝えようとする。
性別	男	

ねらい（発達を捉える視点）

健康
- 明るく伸び伸びと行動し、充実感を味わう。
- 自分の体を十分に動かし、進んで運動しようとする。
- 健康、安全な生活に必要な習慣や態度を身に付け、見通しをもって行動する。

人間関係
- 幼稚園生活を楽しみ、自分の力で行動することの充実感を味わう。
- 身近な人と親しみ、関わりを深め、工夫したり、協力したりして一緒に活動する楽しさを味わい、愛情や信頼感をもつ。
- 社会生活における望ましい習慣や態度を身に付ける。

環境
- 身近な環境に親しみ、自然と触れ合う中で様々な事象に興味や関心をもつ。
- 身近な環境に自分から関わり、発見を楽しんだり、考えたり、それを生活に取り入れようとする。
- 身近な事象を見たり、考えたり、扱ったりする中で、物の性質や数量、文字などに対する感覚を豊かにする。

言葉
- 自分の気持ちを言葉で表現する楽しさを味わう。
- 人の言葉や話などをよく聞き、自分の経験したことや考えたことを話し、伝え合う喜びを味わう。
- 日常生活に必要な言葉が分かるようになるとともに、絵本や物語などに親しみ、言葉に対する感覚を豊かにし、先生や友達と心を通わせる。

表現
- いろいろなものの美しさなどに対する豊かな感性をもつ。
- 感じたことや考えたことを自分なりに表現して楽しむ。
- 生活の中でイメージを豊かにし、様々な表現を楽しむ。

指導上参考となる事項

園生活に円滑に慣れ、==好きな遊びを見つけて存分に楽しんでいる。== 〔健康〕

思い通りにいかないと相手をめちゃめちゃにたたいたり、ひっくり返って大泣きすることがあった。やりたかった思い、くやしかった気持ちを受け止めながら気持ちが落ち着くのを待ち、相手にも思いがあることを伝えていった。またいつでも保育者が味方になるから嫌なことがあったら呼びにきてほしいことも加えた。するとつくりかけの積み木がくずれたとき、==泣かずに保育者を呼びにくることができた。== 〔自立〕

まだ気持ちをコントロールすることは難しいが、思い通りにならないこともあるという事実を受け止めつつ、少しずつ心が強くなっている。

鬼ごっこや三輪車など、運動的な遊びを好み、体を十分に動かしている。==運動会では忍者の踊りを張り切って踊り、みんなにほめられて自信をもった。== 〔表現〕

自分の思い通りにいかないと手が出てしまう子どもです。満3歳児には言葉での表現がまだ難しく、友達との関わり方が分からないのでしょう。その子なりの育ちを見据えながら、援助の仕方や成長を書きましょう。

NG　遊びの内容を記入
本児の好きな遊びは具体的に何なのか、2～3種類を書いておくとよいでしょう。
例）砂遊びやスクーターなど

OK　援助を具体的に書く
心掛けた援助が具体的に書かれていてよいですね。

OK　変容する子どもの姿
育っている過程を受け止めています。

OK　10の姿「豊かな感性と表現」の芽生え
表現する喜びを味わい、意欲をもつ姿が書かれています。

NG　今後の課題を
次年度につなげたいことを書いておくとよいでしょう。
例）保育者には伝えられるようになってきているので、次は相手の友達にも言葉で伝えられるように支えていきたい。

記入例 2

満3歳児　引っこみじあんなBちゃん

ふりがな			令和 ○ 年度
氏名	○○B子	指導の重点等	**(学年の重点)** 幼稚園生活を楽しみにし、保育者や友達と共に過ごすことを喜ぶ。
	平成 ○ 年 ○ 月 ○ 日生		
性別	女		**(個人の重点)** 居心地のよい場所を見つけ、安心して過ごす。
	ねらい （発達を捉える視点）		

健康	明るく伸び伸びと行動し、充実感を味わう。	指導上参考となる事項
	自分の体を十分に動かし、進んで運動しようとする。	
	健康、安全な生活に必要な習慣や態度を身に付け、見通しをもって行動する。	
人間関係	幼稚園生活を楽しみ、自分の力で行動することの充実感を味わう。	
	身近な人と親しみ、関わりを深め、工夫したり、協力したりして一緒に活動する楽しさを味わい、愛情や信頼感をもつ。	
	社会生活における望ましい習慣や態度を身に付ける。	
環境	身近な環境に親しみ、自然と触れ合う中で様々な事象に興味や関心をもつ。	
	身近な環境に自分から関わり、発見を楽しんだり、考えたりし、それを生活に取り入れようとする。	
	身近な事象を見たり、考えたり、扱ったりする中で、物の性質や数量、文字などに対する感覚を豊かにする。	
言葉	自分の気持ちを言葉で表現する楽しさを味わう。	
	人の言葉や話などをよく聞き、自分の経験したことや考えたことを話し、伝え合う喜びを味わう。	
	日常生活に必要な言葉が分かるようになるとともに、絵本や物語などに親しみ、言葉に対する感覚を豊かにし、先生や友達と心を通わせる。	
表現	いろいろなものの美しさなどに対する豊かな感性をもつ。	
	感じたことや考えたことを自分なりに表現して楽しむ。	
	生活の中でイメージを豊かにし、様々な表現を楽しむ。	

指導上参考となる事項：

なかなか新しい環境に慣れることができず、母親と離れるときに玄関で泣くことが多かった。笑顔で関わり抱っこするうちに、保育者に抱かれると安心できるようになったが、保育室に入っても保育者から離れることができず、エプロンのすそを握っていることが多かった。

たたみコーナーに人形やままごと道具を置き、保育者と共にままごとをした。粘土を丸めて料理することを楽しんだ。「料理が得意なステキなお母さんね」と認めるとうれしそうにし、保育者が出かけてもその場にいられるようになった。【自立】

発表会ではヤギのお母さん役になり、友達と一緒にセリフを言うことを楽しんだ。友達と共に遊ぶことも心を安定させる一つになっている。歌う場面では自分の考えた動作を付けながら自分の表現を伸び伸びと行った。【表現】

食が細いため、弁当は少なめである。残さず食べられたことを認めながら、園でとれた野菜の料理なども食べてみようとする気持ちを育てていきたい。

第8章　指導要録の実例と添削

母子分離が難しいのも満3歳児ならではです。自分から積極的に遊びに関わることが苦手な子どもには、環境設定を工夫しながら関わることが必要です。様々な経験を重ねた上での成長の姿が分かるように書きたいものです。

NG　時期を記入
「4月は」「4、5月は」「4月中旬までは」など、いつのことなのか分かるようにするとよいでしょう。

OK　子どもの姿が具体的でよい
本児の様子が目に浮かぶような描写になっています。

NG　接続詞で文をつなげる
「そこで、」とつなぐ言葉を入れ、上と同じ段落にしたほうがよいでしょう。「子どもの姿」「援助」「育ち」が1つのセットになるように書くとgood！

OK　「学年の重点」を見据えた記入
ねらいに沿って記入されています。

OK　次年度へ接続する
次年度につなげたいことが書かれています。

記入例3

3歳児　あまり目立たないCちゃん

ふりがな		令和 ○ 年度	
氏名	○○C美	指導の重点等	（学年の重点） 自分のしたい遊びを見つけ、保育者や友達と触れ合いながら十分に遊ぶ。
	平成 ○ 年 ○ 月 ○ 日生		
性別	女		（個人の重点） 自分の思いを表現しながら遊ぶ。
ねらい （発達を捉える視点）			

		指導上参考となる事項
健康	明るく伸び伸びと行動し、充実感を味わう。	いつも笑顔で友達と遊んでいるが、友達が活発なためもあり、いつも陰に隠れている印象がある。本児が言わなければならないことも友達が代わりに言ってくれるため、話さなくてもすむ状況にあることに気付いた。 そこで、本児が自分の思いを伝えられるように「Cちゃんはどう思う？　自分の考えを話してみて」と笑顔で尋ねるようにした。そして自分で言えたときには大いに認めるようにした。 自分から進んで物事に取り組むほうではないが、言われれば嫌がらずにやってみようとする。その気持ちを認めながら一つ一つの経験が自信につながるように配慮している。 虫をこわがる子も多い中、バッタを捕まえることができるので、みんなから一目置かれるようになった。バッタのことをみんなの前で話す機会を設けたところ、恥ずかしそうにしながらも、知っていることを話すことができた。　自然　言葉
	自分の体を十分に動かし、進んで運動しようとする。	
	健康、安全な生活に必要な習慣や態度を身に付け、見通しをもって行動する。	
人間関係	幼稚園生活を楽しみ、自分の力で行動することの充実感を味わう。	
	身近な人と親しみ、関わりを深め、工夫したり、協力したりして一緒に活動する楽しさを味わい、愛情や信頼感をもつ。	
	社会生活における望ましい習慣や態度を身に付ける。	
環境	身近な環境に親しみ、自然と触れ合う中で様々な事象に興味や関心をもつ。	
	身近な環境に自分から関わり、発見を楽しんだり、考えたりし、それを生活に取り入れようとする。	
	身近な事象を見たり、考えたり、扱ったりする中で、物の性質や数量、文字などに対する感覚を豊かにする。	
言葉	自分の気持ちを言葉で表現する楽しさを味わう。	
	人の言葉や話などをよく聞き、自分の経験したことや考えたことを話し、伝え合う喜びを味わう。	
	日常生活に必要な言葉が分かるようになるとともに、絵本や物語などに親しみ、言葉に対する感覚を豊かにし、先生や友達と心を通わせる。	
表現	いろいろなものの美しさなどに対する豊かな感性をもつ。	
	感じたことや考えたことを自分なりに表現して楽しむ。	
	生活の中でイメージを豊かにし、様々な表現を楽しむ。	

おとなしくて見落としがちな子どもです。このような子どもこそ、日々の個人記録を見返して育ちの再確認をしていきましょう。子どものよい面を伸ばしながら、どんな点に自信がもてたかも記入できるとよいでしょう。

NG　断定を避ける
限定された友達のことなので、「仲のよい」と書き加えたほうがよいでしょう。

NG　「感じ」よりも見たことを書く
印象よりも事実で書いたほうが伝わります。

例　やりたいことを尋ねても何も言わずに後ずさりして、友達の後ろに隠れてしまうことがあった。

OK　10の姿「言葉による伝え合い」の芽生え
バッタを捕まえた自信から、みんなの前で言葉を選んで話せたことが感じられます。

NG　友達との関わりも書く
特定の仲のよい友達以外との関わりはどうなのかの記述があると、さらによいですね。

例　仲のよい友達の存在が心のよりどころとなっているが、他の友達からの働きかけにも笑顔でこたえられるようになってきている。

記入例 4

3歳児　特別な配慮が必要なDくん

ふりがな			令和 ○ 年度
氏名	○○D介	指導の重点等	**(学年の重点)** 自分のしたい遊びを見つけ、保育者や友達と触れ合いながら十分に遊ぶ。
	平成 ○ 年 ○ 月 ○ 日生		
性別	男		**(個人の重点)** 好きな遊びにじっくり取り組む。集まりに楽しく参加する。

支援が必要な子どもへの指導には、園全体の連携が大切です。障害のある子どもが落ち着くための対応は一人一人違います。援助の手だてや声かけなどを具体的に書き、次年度へ引き継ぎます。

	ねらい （発達を捉える視点）	指導上参考となる事項
健康	明るく伸び伸びと行動し、充実感を味わう。	いろいろな遊びに関心があり、少し関わっては次の遊びへと遊びをどんどん変えていく。一段落したところで「○○と○○と○○をやってみたけど、どれが一番楽しかった？」と尋ね、「もう1回やってみようか」と誘うようにした。保育者もその場で共に遊ぶようにすると、<u>少しは居付けるようになってきた</u>。 集まりの場が苦手で、集まるのを嫌がったり、椅子に座ってもガタガタさせたり、友達に話しかけてふざけたりする姿が目立つ。無理に止めるとどこかでひずみが出ると考え、「動いてもいい」ということを保障することにした。 話は手短に3つくらいにまとめて、カウントダウン形式で見通しをもたせて話し、終わったらみんなで立ち上がって体を動かすようにした。 いつも注意ばかりにならないように、肩をたたくことを秘密のサインにし、姿勢を正せたらOKサインを出して片目をつぶってみせるようにした。 2学期には集まることを嫌がらなくなり、<mark>話が聞けるようになってきた</mark>。　**言葉**
	自分の体を十分に動かし、進んで運動しようとする。	
	健康、安全な生活に必要な習慣や態度を身に付け、見通しをもって行動する。	
人間関係	幼稚園生活を楽しみ、自分の力で行動することの充実感を味わう。	
	身近な人と親しみ、関わりを深め、工夫したり、協力したりして一緒に活動する楽しさを味わい、愛情や信頼感をもつ。	
	社会生活における望ましい習慣や態度を身に付ける。	
環境	身近な環境に親しみ、自然と触れ合う中で様々な事象に興味や関心をもつ。	
	身近な環境に自分から関わり、発見を楽しんだり、考えたりし、それを生活に取り入れようとする。	
	身近な事象を見たり、考えたり、扱ったりする中で、物の性質や数量、文字などに対する感覚を豊かにする。	
言葉	自分の気持ちを言葉で表現する楽しさを味わう。	
	人の言葉や話などをよく聞き、自分の経験したことや考えたことを話し、伝え合う喜びを味わう。	
	日常生活に必要な言葉が分かるようになるとともに、絵本や物語などに親しみ、言葉に対する感覚を豊かにし、先生や友達と心を通わせる。	
表現	いろいろなものの美しさなどに対する豊かな感性をもつ。	
	感じたことや考えたことを自分なりに表現して楽しむ。	
	生活の中でイメージを豊かにし、様々な表現を楽しむ。	

NG　子ども主体の目線で
その場にいることだけが大切なのかと誤解されるおそれがあります。
例 楽しい気持ちを持続し、その場で遊べるようになってきた。

OK　本児ならではの援助
このような対応が、本児が安心していられるクラスづくりにつながります。

OK　援助の工夫がよい
認められていることが伝わる援助です。

NG　次年度への課題を書く
これらの援助の継続が本児の安心につながることを書き添えるとよいでしょう。また「学年の重点」にある「友達との関わり」についても書く必要があります。
例 おもしろいことを言うので、<u>友達は好意をもって見ている</u>。相手の思いを受け止められるようになると、さらによい関わりができるだろう。

第8章　指導要録の実例と添削

記入例5

4歳児　リーダーシップのあるEくん

ふりがな	○○E太	指導の重点等	令和○年度
氏名	平成○年○月○日生		(学年の重点) 集団の中で自分を発揮し、様々な活動に意欲的に取り組む。
性別	男		(個人の重点) 友達にも思いがあることを感じながら遊ぶ。

ねらい（発達を捉える視点）		指導上参考となる事項
健康	明るく伸び伸びと行動し、充実感を味わう。	いろいろな環境に興味を示し、じっくりと遊ぶことができる。友達に自分の思いを伝えることもできるので、後から来た友達に遊びのやり方を教えたり「次にこうやってみようか」と提案したりしながら、場を楽しくしている。　協同 友達に自分の思い通りにしてほしいという気持ちが強く、違うことをしたり、他の遊びに行ってしまうことに強い口調で責めることがあった。2学期に入ってから友達にも思いがあることを知らせ、どう言えば相手がやりたい気持ちになるかを共に考えていった。すると優しい言葉で誘ったり、自分だけでなく相手にもおもしろい役を順番でできるように考えて行動できるようになった。　規範 クリスマス会では自分がトナカイになってサンタを乗せたソリを引きたいと考え、友達とトナカイのお面をつくったり、サンタになってくれる人を探したりして、言葉を交わしながら遊びを進めた。　言葉　みんなにすごいと言われ、充実感や満足感を味わうことができた。
	自分の体を十分に動かし、進んで運動しようとする。	
	健康、安全な生活に必要な習慣や態度を身に付け、見通しをもって行動する。	
人間関係	幼稚園生活を楽しみ、自分の力で行動することの充実感を味わう。	
	身近な人と親しみ、関わりを深め、工夫したり、協力したりして一緒に活動する楽しさを味わい、愛情や信頼感をもつ。	
	社会生活における望ましい習慣や態度を身に付ける。	
環境	身近な環境に親しみ、自然と触れ合う中で様々な事象に興味や関心をもつ。	
	身近な環境に自分から関わり、発見を楽しんだり、考えたりし、それを生活に取り入れようとする。	
	身近な事象を見たり、考えたり、扱ったりする中で、物の性質や数量、文字などに対する感覚を豊かにする。	
言葉	自分の気持ちを言葉で表現する楽しさを味わう。	
	人の言葉や話などをよく聞き、自分の経験したことや考えたことを話し、伝え合う喜びを味わう。	
	日常生活に必要な言葉が分かるようになるとともに、絵本や物語などに親しみ、言葉に対する感覚を豊かにし、先生や友達と心を通わせる。	
表現	いろいろなものの美しさなどに対する豊かな感性をもつ。	
	感じたことや考えたことを自分なりに表現して楽しむ。	
	生活の中でイメージを豊かにし、様々な表現を楽しむ。	

クラスを引っ張っていく存在の子どもは、何にでも能動的ですが、記録に困ることもあります。「個人の重点」をその子なりに設定し、その観点から記述すると子どもの育ちが見えるようになります。育ちの分かるエピソードも記入しましょう。

OK　10の姿「協同性」の芽生え
友達と関わりながらお互いの思いや考えを共有し、共通の目的に向かって協力している様子が伝わります。

NG　時期を記入
いつごろできるようになったのか、時間的な流れも分かるようにします。「冬休み前には行動できた～」など、時期を明記しましょう。

OK　エピソードから育ちが読める
「学年の重点」に対応した記述です。

NG　次年度の課題を書く
次年度に育ってほしいことや継続したい援助なども書くとよいでしょう。

例　今後もやりたい遊びに十分に取り組む中で、友達の思いや考えを受け止める経験を重ねていってほしい。

記入例6

4歳児　アレルギーのあるFちゃん

ふりがな		令和 ○ 年度	
氏名	○○F美	指導の重点等	（学年の重点） 集団の中で自分を発揮し、様々な活動に意欲的に取り組む。
	平成 ○ 年 ○ 月 ○ 日生		
性別	女		（個人の重点） 好きな遊びを友達と一緒に十分に楽しむ。

	ねらい （発達を捉える視点）	指導上参考となる事項
健康	明るく伸び伸びと行動し、充実感を味わう。	アトピー性皮膚炎があるため、ひじの内側などに慢性的に湿しんができている。汗をかいたらすぐ拭いて清潔を保つようにしている。 明るく元気に活動しているが、かゆみが出ると不機嫌になったり投げやりになったりする姿が見られる。 遊びに没頭できるとかゆみが気にならなくなるので、本児のやりたい遊びが十分にできるように配慮してきた。ストレスを除いて、できるだけ遊びに集中できるように援助している。 製作が好きで、色や形にこだわった作品をじっくり納得のいくまでつくる。**具体的に認めるとうれしそうにし、自信になっている。** 〖自立〗 友達にもやり方を知らせたり、関わりがもてるようになった。作品はいつも大切に飾り、美術館のように解説も付けている。 ありがとうの会では数人でつくった大型紙芝居を、大きな声ではっきり読むことができた。**人前で自分を表現することに喜びを感じられるようになった。** 〖表現〗
	自分の体を十分に動かし、進んで運動しようとする。	
	健康、安全な生活に必要な習慣や態度を身に付け、見通しをもって行動する。	
人間関係	幼稚園生活を楽しみ、自分の力で行動することの充実感を味わう。	
	身近な人と親しみ、関わりを深め、工夫したり、協力したりして一緒に活動する楽しさを味わい、愛情や信頼感をもつ。	
	社会生活における望ましい習慣や態度を身に付ける。	
環境	身近な環境に親しみ、自然と触れ合う中で様々な事象に興味や関心をもつ。	
	身近な環境に自分から関わり、発見を楽しんだり、考えたりし、それを生活に取り入れようとする。	
	身近な事象を見たり、考えたり、扱ったりする中で、物の性質や数量、文字などに対する感覚を豊かにする。	
言葉	自分の気持ちを言葉で表現する楽しさを味わう。	
	人の言葉や話などをよく聞き、自分の経験したことや考えたことを話し、伝え合う喜びを味わう。	
	日常生活に必要な言葉が分かるようになるとともに、絵本や物語などに親しみ、言葉に対する感覚を豊かにし、先生や友達と心を通わせる。	
表現	いろいろなものの美しさなどに対する豊かな感性をもつ。	
	感じたことや考えたことを自分なりに表現して楽しむ。	
	生活の中でイメージを豊かにし、様々な表現を楽しむ。	

健康面で配慮が必要な子どもには、対処方法も含めて記入します。本児のように、かゆみなどで遊びに集中できないことなど、他にどんな影響があるかを書き、その子についての理解が深まるようにします。次年度への指導の継続も記述します。

OK　健康面の特記事項を書く
基本的な配慮点が分かりやすく記述されています。

NG　友達への配慮を記入
周りの友達が本児をどう見ているのかという記述もほしいところです。

例 乾燥した皮膚を見て手をつなぐのを拒む子もいたので、みんなに誤解のないよう本児のつらさも交えて分かりやすく話したところ、安心して触れ合えるようになった。

NG　保育者の視点で育ちを書くように
この援助を書くのであれば、それによって本児はどうなったのか、どのようなよい影響があったのか、どのようなよい育ちにつながったのかを書く必要があります。

例 自分の作品を大切にされていることで本児は自分を大切にされているという安心感を覚えている。解説を保育者と共につくることにも喜びを感じ、楽しい活動の一つとして捉えられるようになった。

第8章　指導要録の実例と添削

記入例7

5歳児　好奇心旺盛なGくん

ふりがな			令和 ○ 年度	
氏名	○○G男	指導の重点等	（学年の重点） 友達と互いに認め合い、力を合わせて主体的に園生活を進める。	指導上参考となる事項
	平成 ○ 年 ○ 月 ○ 日生			
性別	男		（個人の重点） 様々な活動に積極的に取り組み、イメージを共有しながら充実感を味わう。	
	ねらい （発達を捉える視点）			
健康	明るく伸び伸びと行動し、充実感を味わう。		進級したことがうれしく、新入園児のお世話に進んで出掛けたり、**ウサギ小屋の掃除をしたり、**〔自然〕5歳児らしくありたいという思いが行動に表れていた。 　リレーなどの体を動かす遊びを好み、友達と相談しながらルールをつくったり変えたりしながら遊ぶことを楽しんでいる。はじめは勝つことにこだわり、負けると不機嫌になっていたが、「勝ったり負けたりするから楽しいんだよね」と声をかけると納得したらしく、**気分を変えて受け止められるようになってきた。**〔健康〕 　発表会では自分たちでストーリーをつくっていく劇遊びに魅力を感じ、忍者のいろいろな動きや術を考えながら意欲的に取り組んだ。**話し合う場面では、自分の考えを述べたり、友達の思いを聞いたりと、リーダーシップを発揮していた。**〔協同〕〔言葉〕	
	自分の体を十分に動かし、進んで運動しようとする。			
	健康、安全な生活に必要な習慣や態度を身に付け、見通しをもって行動する。			
人間関係	幼稚園生活を楽しみ、自分の力で行動することの充実感を味わう。			
	身近な人と親しみ、関わりを深め、工夫したり、協力したりして一緒に活動する楽しさを味わい、愛情や信頼感をもつ。			
	社会生活における望ましい習慣や態度を身に付ける。			
環境	身近な環境に親しみ、自然と触れ合う中で様々な事象に興味や関心をもつ。			
	身近な環境に自分から関わり、発見を楽しんだり、考えたりし、それを生活に取り入れようとする。			
	身近な事象を見たり、考えたり、扱ったりする中で、物の性質や数量、文字などに対する感覚を豊かにする。			
言葉	自分の気持ちを言葉で表現する楽しさを味わう。			
	人の言葉や話などをよく聞き、自分の経験したことや考えたことを話し、伝え合う喜びを味わう。			
	日常生活に必要な言葉が分かるようになるとともに、絵本や物語などに親しみ、言葉に対する感覚を豊かにし、先生や友達と心を通わせる。			
表現	いろいろなものの美しさなどに対する豊かな感性をもつ。			
	感じたことや考えたことを自分なりに表現して楽しむ。			
	生活の中でイメージを豊かにし、様々な表現を楽しむ。			

何にでも興味のある子どもです。遊びがおもしろくなるよう工夫するので、その様子が具体的に伝わるように記述しましょう。その子の行動や会話などを日々の記録に残し、生き生きと思い返せるようにしておきます。

OK　詳しく書かれていてよい
子どもの姿が生き生きと目に浮かぶ記述です。

OK　援助からの子どもの変容がよい
心の成長が感じられる記述です。

OK　10の姿「健康な心と体」の育ち
負けたことも前向きに受け止め、心を平静に保てるようになったことは大きな成長といえるでしょう。

OK　子どもが力を発揮したことを伝えている
「個人の重点」に対応している部分です。

NG　保育者の願いも記入
就学に向けての保育者の思いや願いが加えられるとよいですね。

例　今後も友達と相談しながら、よりよいものを生み出す経験を重ねてほしい。

記入例 8

5歳児　外国籍のHくん

令和 ○ 年度

ふりがな		指導の重点等	
氏名	○○H		(学年の重点) 友達と互いに認め合い、力を合わせて主体的に園生活を進める。
	平成 ○ 年 ○ 月 ○ 日生		
性別	男		(個人の重点) 自分の思いを表しながら、友達の思いも受け止める。

外国籍の子どもは、日本語をどのくらい理解しているかを伝えると同時に、保護者についてなど家庭環境の記述も必要です。文化や言葉の違いから不安になる場合が多いので、援助するとともに、友達との橋渡しをする必要もあります。

第8章　指導要録の実例と添削

	ねらい (発達を捉える視点)	指導上参考となる事項
健康	明るく伸び伸びと行動し、充実感を味わう。	4月1日より転入。アメリカ合衆国籍で両親共にアメリカ人。家では英語で話している。母親は日本語をあまり話せない。 言葉も、入る手続きも分からないまま、やりたい遊びにいきなり入ろうとするため、友達に「ダメ」と言われることが多かった。そのため「ダメ」という言葉を一番に覚え、何に対してもまず「ダメ」と言うようになった。 本人にも周りの友達にも「ダメ」と言われると悲しいことを伝え、「〜したらいいよ」や「残念だけど〜だからダメなんだ」と<mark>相手の気持ちを受け止めながら、理由を示すことの大切さを伝えていった。</mark>　【言葉】 本児と相談して2学期の帰りの会で、<mark>1日に一つずつ英単語をみんなに教える時間をもったところ、「今日はこれにするね」と本児なりにその時間を楽しみにするようになった。</mark>　【表現】 みんなも本児を理解し、英語に関心をもつことにつながった。次第に本児のよさがみんなに伝わり、<u>クラスの一員</u>になっていった。 父親の仕事の関係で、3年間のみ日本に在住となる。日本での体験が、本児にとってよい思い出となるよう心掛けたい。
	自分の体を十分に動かし、進んで運動しようとする。	
	健康、安全な生活に必要な習慣や態度を身に付け、見通しをもって行動する。	
人間関係	幼稚園生活を楽しみ、自分の力で行動することの充実感を味わう。	
	身近な人と親しみ、関わりを深め、工夫したり、協力したりして一緒に活動する楽しさを味わい、愛情や信頼感をもつ。	
	社会生活における望ましい習慣や態度を身に付ける。	
環境	身近な環境に親しみ、自然と触れ合う中で様々な事象に興味や関心をもつ。	
	身近な環境に自分から関わり、発見を楽しんだり、考えたりし、それを生活に取り入れようとする。	
	身近な事象を見たり、考えたり、扱ったりする中で、物の性質や数量、文字などに対する感覚を豊かにする。	
言葉	自分の気持ちを言葉で表現する楽しさを味わう。	
	人の言葉や話などをよく聞き、自分の経験したことや考えたことを話し、伝え合う喜びを味わう。	
	日常生活に必要な言葉が分かるようになるとともに、絵本や物語などに親しみ、言葉に対する感覚を豊かにし、先生や友達と心を通わせる。	
表現	いろいろなものの美しさなどに対する豊かな感性をもつ。	
	感じたことや考えたことを自分なりに表現して楽しむ。	
	生活の中でイメージを豊かにし、様々な表現を楽しむ。	

OK　家庭環境を記入
保育するに当たって必要な情報は、ありのまま書きます。

OK　入園時の友達との関わり
入園当初の本児の姿が伝わってきます。

OK　友達との言葉のやりとりを具体的に援助する
大切な指導のあり方が示されています。

OK　10の姿「豊かな感性と表現」の育ち
本児のよさをアピールする活動となり、本児が生き生き表現する姿が伝わります。

NG　伝わりにくい言葉は避ける
「クラスの一員になる」とはどういうことなのか、読み手に伝わるように具体的な姿を書くとよいでしょう。

例　認め、認められる関係になり、いないと困る大切なクラスのメンバーであるとみんなに認識された。

記入例9

4・5歳児 集団遊びが苦手なIちゃん

4歳児

ふりがな		指導の重点等		令和 ○ 年度
氏名	○○ I子 平成 ○ 年 ○ 月 ○ 日生			(学年の重点) 集団の中で自分を発揮し、様々な活動に意欲的に取り組む。
性別	女			
	ねらい (発達を捉える視点)			(個人の重点) 体を動かして遊ぶ心地よさを味わう。
健康	明るく伸び伸びと行動し、充実感を味わう。	指導上参考となる事項		入園当初は祖母から離れられず不安そうにしていたが、スキンシップしながらウサギに餌をやったり、カメを見たりしているうちに心が和み、保育室にも入れるようになった。 　運動の経験が少なく静かな遊びを好むが、体を動かす楽しさを経験してほしいと願い、鬼ごっこに誘うようにした。はじめはこわがっていたが、手をつないで逃げるようにすると、スリルを味わえるようになった。<u>逃げたり追ったりしながら走る楽しさを重ねている</u>。 健康 ● 気の合う友達とレストランごっこをして楽しんだ。ウェートレスのエプロンや帽子をつくったり、<u>「何になさいますか?」などとウェートレスのふるまいをまねたりした。友達と関わり、言葉を交わしながら園生活を楽しんでいる</u>。 言葉 　両親が忙しく、園行事も祖父母が来られることが多いので、少し寂しさを感じている様子だった。「お父さんもお母さんも応援してくれてるね」「帰ったらたくさんお話ししてあげてね」と両親の気持ちも伝えながら、愛されていることを実感できるように関わっている。
健康	自分の体を十分に動かし、進んで運動しようとする。			
健康	健康、安全な生活に必要な習慣や態度を身に付け、見通しをもって行動する。			
人間関係	幼稚園生活を楽しみ、自分の力で行動することの充実感を味わう。			
人間関係	身近な人と親しみ、関わりを深め、工夫したり、協力したりして一緒に活動する楽しさを味わい、愛情や信頼感をもつ。			
人間関係	社会生活における望ましい習慣や態度を身に付ける。			
環境	身近な環境に親しみ、自然と触れ合う中で様々な事象に興味や関心をもつ。			
環境	身近な環境に自分から関わり、発見を楽しんだり、考えたりし、それを生活に取り入れようとする。			
環境	身近な事象を見たり、考えたり、扱ったりする中で、物の性質や数量、文字などに対する感覚を豊かにする。			
言葉	自分の気持ちを言葉で表現する楽しさを味わう。			
言葉	人の言葉や話などをよく聞き、自分の経験したことや考えたことを話し、伝え合う喜びを味わう。			
言葉	日常生活に必要な言葉が分かるようになるとともに、絵本や物語などに親しみ、言葉に対する感覚を豊かにし、先生や友達と心を通わせる。			
表現	いろいろなものの美しさなどに対する豊かな感性をもつ。			
表現	感じたことや考えたことを自分なりに表現して楽しむ。			
表現	生活の中でイメージを豊かにし、様々な表現を楽しむ。			

OK 「個人の重点」と関連付けて記入
個人のねらいに対応した記述です。適切な保育者の援助も読み取れます。

NG 時期を書く
いつ頃の話なのか、時期や月を入れるとよいでしょう。「10月頃には〜」など。

NG 抽象的な表現は避ける
この文からでは広げすぎ、大きすぎの文末です。

例 好きな遊びを楽しんでいる。

OK 家庭環境も必要に応じて書く
本児を保育するに当たって考慮しなければならない家庭の事情を書いておきます。また、それに対して保育者はどのような配慮をしているのかについて書かれていてgood。

5歳児

令和 ○ 年度
（学年の重点） 友達と互いに認め合い、力を合わせて主体的に園生活を進める。
（個人の重点） 相手に思いを伝えたり、相手の思いを受け入れたりして遊ぶ。

　仲のよい友達との気持ちのすれ違いからトラブルになることがあった。互いに自分の思いを主張するが、相手も本児の思いを聞き入れることが難しいようだった。それでも仲直りしたいという気持ちから、相手の言うことを受け入れようとする姿勢は見られるようになった。　**自立**

　発表会では意欲的に劇遊びに取り組み、同じ役の友達と相談しながらセリフや衣装をつくり上げていった。　**協同**　折り合いを付けながら遊びを進めることができるようになった。　**規範**

　両親には、お会いした折や連絡帳を通じて、本児の育ちや努力していることなどを知らせるように努めた。時間はあまりとれなくても、抱きしめたり、肯定的な言葉をかけたりして、愛していることを十分に伝えてもらっているようだ。

　これからも様々なことに挑戦しながら経験を広げ、自信をもって生活を楽しんでほしい。

4歳児からの入園で、集団遊びの経験不足からくるとまどいにより、子どもは園生活での不安を感じています。両親が忙しくて祖父母にべったりなど、経験不足が家庭環境と関係のある場合には、記入が必要です。その際は家庭との連携について記述するとよいでしょう。

第8章 指導要録の実例と添削

🅽🅶 詳しく書く
「気持ちのすれ違い」とはどういうことなのか具体的でないので、子どもの姿が浮かびません。

例 一緒に遊んでいた友達が、他の遊びにしばらく関わって戻ってきた際、寂しい思いをしたらしく、「私は一生懸命お金をつくっていたのに」と不満をもらした。友達も悪気はなく、「ちょっと見に行っただけなのに、なぜ文句を言われるのか」と不機嫌になった。

🅾🅺 経験からの子どもの育ち
「思いを伝えたり相手の思いを受け入れたり」という経験の積み重ねにより、「折り合いを付ける」ということができるようになった育ちの過程が読み取れます。

🅾🅺 10の姿「協同性」と「道徳性・規範意識の芽生え」の育ち
劇遊びにおいて互いの考えを共有し、協力してやり遂げた達成感を味わったことが伝わります。また友達と意見が違っても、相手の立場に立って考え、自分の気持ちを調節することもできたことがうかがえます。

🅾🅺 家庭との連携について
保育者が本児の保育以外にも努力してきたことについて書くことも大切です。本児を取り巻く人々のあり方も、本児に大きな影響を与える人的環境だからです。

🅽🅶 本児なりの願いを記入
誰にでも通用するありきたりな一文です。本児に対する思いや願いが書けるようにします。

例 これからも自分の思いや考えを伝えながら、友達と力を合わせるよさを十分に経験してほしい。

※実際の書式は、5歳児は別の用紙です（22ページ参照）。

記入例10

3・4・5歳児　周りの子を気にかけるJくん

3歳児

ふりがな		指導の重点等	令和 ○ 年度
氏名	○○ J男		（学年の重点） 自分のしたい遊びを見つけ、保育者や友達と触れ合いながら十分に遊ぶ。
	平成 ○ 年 ○ 月 ○ 日生		
性別	男		（個人の重点） 自分の思いを伝えながら、保育者や友達と関わる。
ねらい （発達を捉える視点）			
健康	明るく伸び伸びと行動し、充実感を味わう。	指導上参考となる事項	身の回りの始末や食事など、時間はかかるが、自分のことは自分でしようと努力している。最後までできたことを認め、自信がもてるように配慮した。 　自分の遊びを友達が一方的に違う方法でしてしまったり、勝手に遊具を持って行ったりしても、困った顔をするだけで相手に言えず、がまんしてしまうことがあった。「困ったね」と共感しつつ相手に何と言えば気持ちが伝わるかを共に考え、言いに行けるように援助した。思いを伝えることのよさに気付きながら、自分からも言えるようになってきている。　言葉 　2学期にはオオカミ役になって追いかけっこの鬼になったり、発表会でオオカミの踊りをしたり、なりきって遊ぶ楽しさを味わった。　表現　オオカミ役になったことで言葉に勢いがつき、言いたいことを言いやすくなったように思える。 　これからも十分に自分を表現してほしい。
	自分の体を十分に動かし、進んで運動しようとする。		
	健康、安全な生活に必要な習慣や態度を身に付け、見通しをもって行動する。		
人間関係	幼稚園生活を楽しみ、自分の力で行動することの充実感を味わう。		
	身近な人と親しみ、関わりを深め、工夫したり、協力したりして一緒に活動する楽しさを味わい、愛情や信頼感をもつ。		
	社会生活における望ましい習慣や態度を身に付ける。		
環境	身近な環境に親しみ、自然と触れ合う中で様々な事象に興味や関心をもつ。		
	身近な環境に自分から関わり、発見を楽しんだり、考えたりし、それを生活に取り入れようとする。		
	身近な事象を見たり、考えたり、扱ったりする中で、物の性質や数量、文字などに対する感覚を豊かにする。		
言葉	自分の気持ちを言葉で表現する楽しさを味わう。		
	人の言葉や話などをよく聞き、自分の経験したことや考えたことを話し、伝え合う喜びを味わう。		
	日常生活に必要な言葉が分かるようになるとともに、絵本や物語などに親しみ、言葉に対する感覚を豊かにし、先生や友達と心を通わせる。		
表現	いろいろなものの美しさなどに対する豊かな感性をもつ。		
	感じたことや考えたことを自分なりに表現して楽しむ。		
	生活の中でイメージを豊かにし、様々な表現を楽しむ。		

OK　援助の様子が分かるように
「個人の重点」に対応した記述です。適切な保育者の援助も読み取れます。

OK　子どもの変容を記入
援助によって本児が成長している姿が捉えられています。

OK　次年度に継続したい点を書く
それまでの記述に基づいた保育者の願いとして理解できます。

4歳児

令和 ○ 年度
（学年の重点） 集団の中で自分を発揮し、様々な活動に意欲的に取り組む。
（個人の重点） 好きな遊びの中で、友達とのやりとりを楽しむ。

　基本的な生活習慣が身に付いており、全体への声掛けでもスムーズに行動することができる。遅れている子や分からない子にも教えてあげたり手助けをしたりと、優しさを示すこともできる。そのようなときには大いに認め、自信につなげている。

　転がしドッジボールやしっぽとりなど活動的な遊びを好み、積極的に参加し、中心的な役割を果たした。トラブルが起きても攻撃的にならず、「こうしたほうがいいんじゃない？」とおどけるような雰囲気で場の空気をやわらげる。　**言葉**　本児の持ち味の一つだと考える。秋には虫捕りに没頭し、虫の種類や特徴についても詳しくなった。　**自然**　牛乳パックに入れたままでたくさん死なせてしまったことを反省し、友達にも「生きているんだから」と命の存在について伝えてくれるようになった。

　さらに経験を広げ、友達と共にめあてをもって様々な活動に取り組んでほしい。

5歳児

令和 ○ 年度
（学年の重点） 友達と互いに認め合い、力を合わせて主体的に園生活を進める。
（個人の重点） 自分の考えに自信をもち、力を出し切る。

　飼育動物の世話などに進んで取り組み、　**自然**　5歳児クラスになった喜びを感じながら生活している。

　サッカーが得意で自分たちでチーム分けをしながらゲームを進めている。あまり得意でない友達が入ってきても、ときどきボールを回してけられるような配慮をしている。勝つことだけでなく、みんなが楽しめるように考えて行動している姿に育ちを感じる。　**自立**

　運動会では応援団長になり、リーダーたちとかっこいい応援の仕方を考えたり応援グッズをつくったりと、張り切って活動した。友達と力を合わせてやるよさを感じ、今まであまり関わったことのなかった友達とも触れ合い、お互いのよさを感じることもできた。　**協同**

　3学期には俳句づくりに熱中し、指を折りながら身近な話題からいくつも考え、短冊カードに書いていった。書けない字は友達に教えてもらったり、自分も教えたりしながら、共に過ごすよさを十分に味わうことができた。　**数・字**

　様々な力はあるが、やりたい人が多いと引いてしまうところがあるので、自信をもって前に出るように指導してきた。小学校でも力を出し切ることで、次の成長があると思われる。

消極的になりがちな子どもには、重ねてきた経験に自信をもたせることが必要です。子どもの姿が抽象的になると第三者に伝わりにくいので、育ちの見られた場面を取り上げ、具体的に書くようにします。

OK　本児と友達との関わりを記入
一人一人に対する優しさから、場にいるみんなに対する配慮にまで、育ちの高まりを感じさせます。

OK　子どものよい面を見る
徐々に自ら進んで行動できるようになる姿が書かれています。

OK　5領域を見据えた記入
力を出し切ることで人とのつながりや関わりが強くなっていることがうかがえます。5歳児らしい育ちの姿です。

OK　「興味・関心」が読み取れる
経験から学んだことが生かされ、人にも伝えられるようになっています。「学年の重点」、「個人の重点」にも対応しています。

OK　10の姿「数量や図形、標識や文字などへの関心・感覚」の育ち
「5、7、5」の17音を数えながら文字を書く活動を楽しんでいます。友達と共に文字に親しむ経験ができたことが伝わります。

第8章　指導要録の実例と添削

※実際の書式は、5歳児は別の用紙です（22ページ参照）。

指導要録 Q&A

記入について②

Q 用紙内に記入できません。2枚にしてもいいのでしょうか?

A 内容を吟味して簡潔に書きます

紙を継ぎ足して書くのは、好ましくありません。公文書ですので、用紙内におさめます。あらかじめ書きたい文字量を把握して、文字の大きさや行数などを割り振りしながら、用紙の範囲内に記入します。伝えたいことを簡潔にまとめて記入するという視点が重要です。

Q 指導要録の内容を、保護者へ知らせる必要はありますか?

A 知らせなくても構いません

保護者に対して指導要録にこのような内容を書きます、と伝える必要は今のところありません。ただこの先、情報の開示義務により本人や保護者が要録を見る可能性はあり得ます。仮に将来、本人が読んだとしても、納得できる内容であることが望まれます。保育者が温かい指導をしてくださっていたのだな、と思うことができれば、本人にその後もよい影響を与えられるでしょう。

Q 離婚したのち、再婚したなど家庭状況はどの程度書く必要があるのでしょうか?

A 子どもへ影響あることのみ簡潔に書きます

離婚の理由について書く必要は、まったくありませんが、離婚や再婚によって、住所が変わった、同居する人が変わったということは、子どもの環境にとって大きな変化です。園での姿にも影響が出るかもしれません。

子どもの生活の背景を把握しておくことは、指導者にとって重要です。客観的な事実のみを簡潔に書いておくことが望まれます。

Q 診断を受けていませんが、発達障害かなと思われる子の要録には、疑いがあると伝えていいのでしょうか?

A 事実として判明していることのみ書きます

保育者の単なる憶測は、書くべきではありません。専門家の判断等がなければ、不用意に記述しないと心得ましょう。ただし、保育者がそのように思った子どもの姿は、事実として書いておく必要があります。保育者が関わった際の様子などは詳しく記しましょう。

次年度の担任もしくは小学校では、それを引き継いで注意深く関わり、必要があれば受診へとつながるでしょう。

第9章 個人記録の書き方

\\ 役立つ指導要録のために /

記録がすべての基本

指導要録を記入するには、日々の個人記録が必要不可欠です。
まずは、なぜ記録をする必要があるのかを考えてみましょう。

記録してもう一度考える

　子どもたちが降園した後、保育者は保育室の掃除をしながら、落ちている切りくずや、棚の上の製作物や、靴箱の奥に大切に入れられた泥だんごをほほえましく見ながら、その日の保育を振り返ります。そして、一人一人の姿を思い返し、今日の育ちについて考えたり、うまく援助できなかったことを申し訳なく思い、明日はこのように関わろうと心に決めたりするのです。

　けれども、そこで終わってはいけません。次には、思ったことや考えたことを記録するのです。記録することにより、ふっと思ったことが消えないばかりか、記述するという思考過程を経て、さらに深く考えることができるのです。

　心に浮かんだことを、そのまま日記のように気楽に書いてみましょう。「ゴローちゃんに声を掛けたが、浮かない顔をしていた」、それはなぜだったか、彼はどんな気持ちだったのか、その前の姿や帰る頃の様子を思い浮かべながら、じっくり考えてみるのです。他にどんな援助の方法があったのかも記します。

個人記録の意味

　保育者は、かけがえのない子どもたちを教育し、1年後にはよりよい姿へ育てるという任務があります。ですから、毎日でなくてもよいですが、その子の成長の節目には、その姿をきちんと記録しておく必要があります。

　子どもがうれしい姿を見せたとき、それを記録することは、保育者にとっても喜びです。けれども、なかなか育ちが見られないという場合もあります。こんなに心を込めて接しているのに、なぜあの子は変わらないのかと悲しくなることもあるでしょう。そんな場合にも、記録は有効です。「こう援助したけれど、子どもの心には届かなかった」と書いているうちに、なぜ届かなかったのか、ハッと気付くことも多いものです。「書く」とは「考える」こと。子どもの表情を思い浮かべながら書いていると、子どもの心が身近に感じられるのです。

第9章 個人記録の書き方

記述する＝考える

鉄棒の逆上がりが一人でできるようになり、達成感を味わった。

子どもの経験を記述する

みんながボール遊びをしているのを見ていたので「一緒に遊ぼう」と声を掛けたが、まだ入る気持ちにはならないようだ。

援助と子どもの反応を記述する

163

個人記録のポイント

生かせる記録の取り方

日々の個人記録は、自分の保育を見直す「ものさし」です。
今日の保育を明日につなげるために、
ポイントを押さえて効果的な記録の取り方を身に付けましょう。

子どもをよく見る

　記録を書こうとしても、誰の姿もさっぱり思い浮かばないことがあります。そのような日は、保育者が時間に追われていたり、何かをさせなくてはいけないということにとらわれている場合に起こります。子どもを動かすことばかりに気持ちがいってしまい、一人一人の子どもをよく見ていないのです。

　そのような場合でも、子どもが何を楽しんでいるのか、友達とどのような言葉を交わしているのかなど、子どもをよく見ていれば書けるはずなのです。今日はよく見られなかったと感じたら、明日はよく見ようと意識できるでしょう。そういうことの積み重ねで、生かせる記録が書けるようになるのです。

子どもたちが何を楽しんでいるのか

カマキリ捕まえた！

泥だんごをピカピカに…。

鬼ごっこしよう！

友達とどのような言葉を交わしているのか

次、貸してあげる。
ありがとう。
昨日ママと…。
へー。ぼくはね…。

子どもをよく見ることの積み重ねが、生かせる記録を書く力に

その日に書く

　どんなにうれしい姿を見つけても、いろいろと保育について考えても、その日のうちに記録を書かなければ、残念ながら価値は半減します。職場を離れてプライベートな空間で時を過ごし、さらに一晩眠ったら、昨日考えていたことなど、その多くは忘れてしまっているからです。

　あの瞬間のあの子の表情、周りの様子はできるだけたくさん思い出せる状況の中で、記録しておくことが一番です。うれしいことに、記録したものはフリーズドライされたように、忘れた頃に読み返しても、その日の様子がありありとよみがえるのです。ですからそんなに時間をかけなくても、その日の出来事をその日のうちに書くトレーニングが必要です。毎日書いているうちに要領がつかめてくるはずです。

＼負担にならない／
＊ 記録の取り方 ＊

アイデア1　環境構成図を利用して

　環境構成図に、子どもたちの遊びの様子を書き込んでいく方法です。頭の中に映像として浮かんだ姿を写し取っていくので、思い出しやすく、また意図的につくった環境に子どもたちがどのように関わったかを検証するのに適した方法です。

アイデア2　キーワード・メモ

　小さめのメモ用紙に、見つけたエピソードのネタを忘れないように書いておく方法です。
例えば、
- 先生のお隣がいいの（子どもの言葉をそのままに）
- 砂場のトラブル。ケンとタケシ（キーワードで記録）
- しっぽとり・入りたいアイの作戦（タイトル風に）

　それを見たら、「ハハーン、あのことだ！」と自分で思い出せるようにしておくのです。時間が経つと印象が薄くなってしまいます。指導要録に活用しようと思うものは、早めに文章に起こしましょう。

キーワードOK！

アイデア3　視点別に拾ってみる

　子どもたちが生活の中で見せる姿を、何が育っているかで分類して、表の中に記入していくスタイルです。まだはっきりしなくても関連がありそうな項目に書いていけば、あとで役に立つことが多いでしょう。

4項目

5領域

10の姿

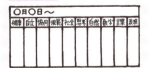

エピソードを書く

　子どもの育ちが見られてうれしかった場面や、なかなか子どもが思うような方向に伸びず問題があると思う場面を、詳しくエピソードの形で書き残しておきましょう。そうすると、そのうれしい育ちを支えたものは何だったのか、どのような環境が有効に働いたのか、その子の心の中に何があるのか、その子がかたくなになるのはなぜなのかなどを、深くその状況から考えることができます。

　まず、事実を詳しく書きます。その子の表情やしぐさや言葉、また、周りの子の様子、保育者の関わりなど、できるだけリアルに記入します。

　右のページの2つのケースを見てみましょう。同じように絵をかこうとしない子どもに、同じように援助しています。ケース1では援助が効を奏して子どもは絵をかき始めますが、ケース2では子どもが怒り出して椅子をけとばしてしまいます。

　なぜこのような結果になったのか、それぞれについて考えてみる必要があります。それにはまず、事実を詳しく書き起こしてみることが大切です。

　それぞれのケースの矢印の下に、エピソードを文章で載せています。思い起こせる範囲で、表情や様子がよく分かるように記述しています。この作業が次の考察につながっていくので、子どものその時の気持ちに思いを馳せながら、ていねいに書きます。

印象的な場面を詳しく書き起こす

先生にプレゼント。
まあっ。

砂場で一緒に遊ぼ！
うん！
さっきはごめんね。
よかった…。

考察により援助の意味を探る

　エピソードを書いたら、次はいよいよ考察です。自分の援助によって子どもたちがどのような経験をすることになったのか、考えてみます。そして、子どもの成長にプラスになった援助については、何がよかったのか、子どもにどんな作用をしたのか、援助の意味について考えてみます。

　反対に援助してうまくいかなかった場合は、その援助から子どもはどのようなメッセージを受け取ったのか、どんな気持ちになったのかを推察し、他にどのような援助の可能性があったか、今ならどう援助するかを書いておくとよいでしょう。

　右ページのケース1について考えてみましょう。なつきちゃんには保育者の援助が有効に働きました。なぜ有効に働いたのか、保育者の援助が子どもにどのように受け止められたのかを、子どもの気持ちを読み取りながら探ってみます。

　じっとしていたなつきは、何をかいたらよいのか分からなかったのではないか。

この場合は、「どんな動物を見たか覚えている?」という保育者の問いかけにより、なつきの頭の中にいろいろな動物の姿が浮かんできたと思われます。『遠足の絵』では漠然としていたものが、『遠足で見た動物』と焦点化され、その中でさらに「ウサギ」に絞り込むという作用を引き起こしたわけです。

　ケース2では、なぜ援助が空振りに終わったのかを考えてみましょう。子どもを不機嫌にさせた要因を挙げて検討していくうちに、ハッと気づくことも多いものです。このケースでは、遊びを中断されたことへの不満であると思い当たっています。不満を感じているひろとくんには、保育者の問いかけは不愉快であり、怒りを爆発させる引き金となったのでしょう。

　このように、エピソードを書いて考察することは、指導要録を書く際の助けになるばかりか、保育力をアップさせるのに最も有効な方法の一つになるのです。

援助の意味を考えてみることで保育力がアップ

見落としている子どもはいないか

　毎日、心に残ったことを記録していても、1週間に一度も登場しない子どもがいるかもしれません。あまり保育者の目に入らない子どももいるものです。そこで、週に一度は名簿でチェックしましょう。自分の見え方を確認し、名前が出てこない子を次の週に重点的に見るようにします。「この子は今こんなことに興味をもっていたんだな、ここが育っているんだな」ということをしっかり把握し、記録に留めておくことが大切です。

　1日のうちにクラス全員の育ちを把握して記録することは、ベテランの保育者でもできません。「今日はこの子を見よう」と数人を意識して保育することで、その育ちが見えてくるようになるのです。

記録をチェック（1週間に一度）

記録が少ない子を次週は意識して見る

クラス全員の育ちを把握

指導要録の準備 OK!

モレのない記録へ

次の日につなげる

指導計画は、①前日の子どもの姿、②ねらい、③内容、④環境の構成、⑤予想される子どもの活動、⑥援助のポイント、の6項目が必要です。

「目の前の子どもの姿からねらいを立て、ねらいに迫るために経験させたい内容を考え、そのための環境は…、子どもがこうなった場合の援助の方法は…」と順に考えます。今日は充実していなかった○○ちゃんにはこのように対応しよう、ということも書いておきたいものです。

このような継続した指導の下で、子どもは成長し、変容していきます。子どもの姿と、保育者はどのように指導をしてきたのかということが、指導要録の要となるわけです。

✱ 記録用紙のアイデア ✱

1日の保育後に30〜40分で書けるシートです。「生活の流れ」は前日に書いておき、変更があれば、赤字で書き込むようにすると、日案も兼ねられます。1日1シート分を埋められるように書く努力を続けると、書く力も、子どもを見る力も確実にアップするでしょう。

○月○日（○曜日）	○○ぐみ		欠あきこ（風邪）
時間	生活の流れ	子どもの姿と援助	環境の構成	個人メモ

（表内）秋山ヒカル／上田洋／自由記述

個人メモ
子ども一人一人の姿を思い浮かべ、印象的だったことを書く。「せきが出ていた」「積み木遊びでロケットづくり」など、思い付いたことを何でもメモ。

自由記述
特に印象に残ったことを書く。大きなトラブル、うれしい場面、腹が立ったことなど、日記を書いているつもりで気楽に書く。他人には見せないので、発散するつもりで書くとスッキリ！エピソードもここに書く。

一人一人の育ちを見つめられるように、一人に1枚用意する個人シートです。その日に特に気になった子どもについて、育ちが見えた子どもについて、その日のうちに詳しく記入しておきます。また、学期末などに、日々の記録を見返して、その子が登場するエピソードや姿を探し、転記しておくと、その子の育ちがすっきりと浮かび上がってきます。個人面談などの資料としても便利です。

栗山実久			
遊び	生活	友達	興味・関心

各項目
日付を書いておくと、たくさんの項目が並んだ際に時期による育ちが見えてくる。

第10章 認定こども園 園児指導要録

幼保連携型認定こども園
園児指導要録の記入のしかた

認定こども園についても、
幼稚園や保育所と同じように要録の作成が必要です。
ここでは幼保連携型認定こども園「園児指導要録」の書き方について確認しましょう。
※必要に応じて元号を変更してください。

「学籍等に関する記録」について

（出典：内閣府ホームページ）

幼稚園幼児指導要録の「学籍に関する記録」と基本的な形式は同じです。
⇒18ページ参照

幼保連携型認定こども園園児指導要録（学籍等に関する記録）

区分	年度	平成　年度	平成　年度	平成　年度	平成　年度
学　級					
整理番号					

園児	ふりがな 氏　名		性　別	
	平成　年　月　日生			
	現住所			

保護者	ふりがな 氏　名	
	現住所	

入　園	平成　年　月　日	入園前の状況	
転入園	平成　年　月　日		
転・退園	平成　年　月　日	進学・就学先等	
修　了	平成　年　月　日		

園　名及び所在地	

年度及び入園（転入園）・進級時等の園児の年齢	平成　年度 歳　か月	平成　年度 歳　か月	平成　年度 歳　か月	平成　年度 歳　か月
園　長 氏　名　印				
担当者 氏　名　印				
年度及び入園（転入園）・進級時等の園児の年齢	平成　年度 歳　か月	平成　年度 歳　か月	平成　年度 歳　か月	平成　年度 歳　か月
園　長 氏　名　印				
学級担任者 氏　名　印				

「指導等に関する記録」について

(出典：内閣府ホームページ)

「学年の重点」「個人の重点」「指導上参考となる事項」については、幼稚園幼児指導要録と同じです。⇒22ページ参照

ここでは「特に配慮すべき事項」「満3歳未満の園児に関する記録」の項目について説明します。

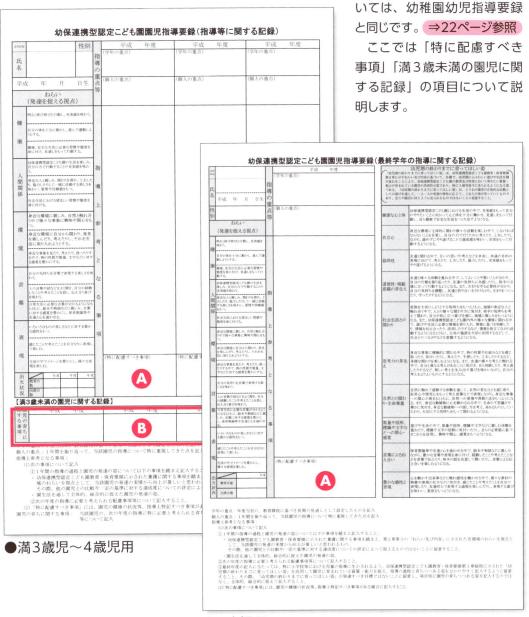

●満3歳児～4歳児用

●5歳児用

A 特に配慮すべき事項

子どもの健康の状況や、指導する上で次の担任に知っておいてほしいことがある場合に記入します。

B 満3歳未満の園児に関する記録

次の年度の指導に、特に必要と考えられる育ちについて、また、保育者が配慮してきたことや健康の状況について書き込みます。

第10章 認定こども園園児指導要録

特に配慮すべき事項

POINT ● 子どもの健康状態など、就学後の指導において配慮が必要なことを書きます。

- ぜんそくのため保護者から薬の服用を依頼され、昼食後に毎日飲んでいる。

- アレルギー性ぜんそくが持病のため、せきこみが激しいときには水分を多めに与えている。

- 食物アレルギー（小麦）があり、給食では除去または代替食を用意している。万が一の誤食のために薬を預かっている。

- アトピー性皮膚炎のため、症状のひどいときは日中もステロイド系の塗り薬を使用している。

- 皮膚が極端に弱く、かきむしった後はとびひになることがある。虫刺されなどに注意が必要である。

- 寒冷じんましんが出やすいため、気温の変化に合わせて長袖・長ズボンを着用している。発しんが出た際の薬を預かっている。

- てんかん発作があり、薬を服用している。睡眠時に発作を起こすので睡眠チェックを行う。これまで園で発作を起こしたことはない。

- 発熱する（37.5度以上）と、けいれんを起こしやすい。園では2回けいれんを起こし、すぐに保護者へ連絡し受診した。

- 5歳児クラスになってから、便秘ぎみで排泄時間が定まらない。そのため時々腹痛を訴える。

- 排尿の失敗が時々ある。人目につかない場所で着替えるなど、さりげない配慮を必要としてきた。

- 緊張したり、気持ちが不安定になったりすると「おなかが痛い」と言うことが多い。その際にはトイレに行った後、保健室で横になるとほどなくおさまる。

- 中耳炎になりやすく、鼻汁はティッシュペーパーでそっとかむように声をかけている。

- 暗い場所や大きな音をこわがる傾向がある。その際にはしばらくそばに寄り添えば、パニックになることはない。

- きつ音のため、3歳より言語指導を週に1度受けている。本人はそれほど気にしていない。

- 生活リズムが不規則で、朝食抜きで登園することが多い。保護者へ働きかけている。

- 遠視および乱視により、5歳児後半よりメガネを使用している。まだ扱いに慣れていないため、運動するときなど配慮が必要である。

認定こども園　消極的なKちゃん

3歳児

ふりがな				令和 ○ 年度
氏名	○○K美	指導の重点等		(学年の重点) 安心して園生活を送り、好きな遊びを楽しむ。
	平成 ○ 年 ○ 月 ○ 日生			
性別	女			(個人の重点) 気の合う友達と共に遊ぶ楽しさを味わう。
ねらい （発達を捉える視点）				
健康	明るく伸び伸びと行動し、充実感を味わう。	指導上参考となる事項		入園当初、泣くことはなかったが、体がこわばり自分から動き出すことは少なかった。にこやかにスキンシップしながら好きな遊びへ誘うようにすると、次第に遊べるようになった。 　積み木の場で気の合う友達と出会い、言葉はあまり出ないものの、お互いのつくったものを見合ったり、目が合うとにっこりしたりするようになった。同じバスをつくっていた際、「1号車と2号車かな」と声を掛けると、うれしそうに笑い合い、共に行動するようになった。 　運動的な遊びには消極的だったが、気の合う友達と共に参加することで、体を動かす心地よさを味わうことができた。体操では、体全体でリズムをとりながら楽しく運動し、みんなから「すごい」と言われて自信をもった。　自立
	自分の体を十分に動かし、進んで運動しようとする。		**OK** 「学年の重点」と関連付ける 友達との出会いについて書かれています。その友達との関係が「学年の重点」の「安心して園生活を送り」につながっていることが分かります。	
	健康、安全な生活に必要な習慣や態度を身に付け、見通しをもって行動する。			
人間関係	幼保連携型認定こども園の生活を楽しみ、自分の力で行動することの充実感を味わう。			
	身近な人と親しみ、関わりを深め、工夫したり、協力したりして一緒に活動する楽しさを味わい、愛情や信頼感をもつ。			
	社会生活における望ましい習慣や態度を身に付ける。			
環境	身近な環境に親しみ、自然と触れ合う中で様々な事象に興味や関心をもつ。		**OK** 5領域の視点をもつ 5領域のうちの健康と人間関係の視点からの育ちが書かれています。	
	身近な環境に自分から関わり、発見を楽しんだり、考えたりし、それを生活に取り入れようとする。			
	身近な事象を見たり、考えたり、扱ったりする中で、物の性質や数量、文字などに対する感覚を豊かにする。			
言葉	自分の気持ちを言葉で表現する楽しさを味わう。			
	人の言葉や話などをよく聞き、自分の経験したことや考えたことを話し、伝え合う喜びを味わう。			
	日常生活に必要な言葉が分かるようになるとともに、絵本や物語などに親しみ、言葉に対する感覚を豊かにし、保育教諭等や友達と心を通わせる。			
表現	いろいろなものの美しさなどに対する豊かな感性をもつ。			
	感じたことや考えたことを自分なりに表現して楽しむ。			(特に配慮すべき事項)
	生活の中でイメージを豊かにし、様々な表現を楽しむ。			

出欠状況	年度	○年度	○年度	○年度
	教育日数	293	293	293
	出席日数	264	270	275

4歳児

令和 ○ 年度

（学年の重点）
遊びの中で友達と関わりながら様々な活動に取り組み、経験を広げる。

（個人の重点）
それぞれの友達のよさを知り、友達との関わりを楽しむ。

　気の合う友達と二人だけの世界を望み、他の友達が入ってくると拒否したり、その友達が他の遊びに行こうとするとダメと言ったりするようになった。友達にも思いがあることを伝えながら、他の友達のよさにも目が向くように働き掛けた。

　水に抵抗があり、プールサイドで水鉄砲などで遊んでいた際、同じように水に抵抗がある友達と出会い、楽しく遊ぶようになった。いろいろな人と関われるようになってきている。

　劇遊びでは「中くらいのがらがらどん」になり、友達と一緒にセリフを言うことを楽しんだ。だんだん大きな声が出るようになり、**集まりの会などでも進んで話をするようになった。** 言葉

（特に配慮すべき事項）

5歳児

令和 ○ 年度

（学年の重点）
園生活に見通しをもち、自分なりに考えを巡らせながら主体的に物事に取り組む。

（個人の重点）
自分の考えに自信をもち、友達に伝えようとする。

　レストランの遊びでは発言力のある子の勢いに押され、自分の思いを言えないことがあった。メニューのアイデアなどおもしろいことを考えているので、みんなに提案してみるように励ました。セットメニューやサービス券などのアイデアを友達が受け入れてくれたことにホッとし、より意欲的に遊びに取り組むようになった。

　やきいもパーティーの際は、たらいの中でいもをよく洗い、ぬらした新聞紙で巻く活動を熱心に行った。**「『おいしくなあれ』の魔法をかけよう」と友達に話し、ほほえみ合った。やきいもパーティーの特別な雰囲気が、気持ちを高揚させたのだろう。** 協同

　よく物事を考え、アイデアも出せるのだが、自分から進んで取り組んだり発言したりすることにためらいがある。背中を押すような援助や励ましが、これからも必要だと思われる。

（特に配慮すべき事項）

自分から積極的に発表したり友達と関わったりするのは苦手ですが、適切な言葉かけやその子に見合った環境の工夫で、楽しんで園生活を送ることができました。援助と変容していく姿を捉えましょう。

OK 具体的な援助を書く
どのような援助をしてきたかについて記入されています。

OK 集団の中でのふるまいを記入する
集団の中での動き方や関係の結び方について、5歳児らしい姿が書かれています。

OK 今後の課題を書く
小学校での生活への橋渡しになる事柄が記入されています。

OK 友達との出会いが分かる
新たな友達との出会いにより、人間関係が広がりを見せたことが伝わります。

OK 子どもの自信が見える
遊びの中の特に言葉の面について記入してあります。

第10章 認定こども園園児指導要録

※実際の書式は、5歳児は別の用紙です（175ページ参照）。

認定こども園　感情の起伏が乏しいMくん

3歳児

ふりがな		指導の重点等		令和 ○ 年度
氏名	○○M也 平成 ○ 年 ○ 月 ○ 日生			(学年の重点) 好きな遊びを十分に楽しみ、自分のことは自分でしようとする。
性別	男			(個人の重点) 人との関わりを楽しむ。

	ねらい （発達を捉える視点）		指導上参考となる事項	
健康	明るく伸び伸びと行動し、充実感を味わう。			一人っ子のためか、一人で遊ぶことを好み、友達にあまり興味を示さない。ブロックで電車をつくって「新幹線ののぞみ」と言ったのを聞いた友達が「乗ったことある」と話しかけたが、まったく気に留めず遊びを続けた。 理解力があり、言われたことはきちんとできる。あまり感情を表情に表さず、クールな印象である。必要なことは「貸して」「これ、違ってるよ」と言葉で表現でき、人と関わるのだが、うれしそうな様子は見られない。 友達と一緒にいることが楽しいと思えるような経験を重ねていくことが必要だと思われる。
	自分の体を十分に動かし、進んで運動しようとする。			
	健康、安全な生活に必要な習慣や態度を身に付け、見通しをもって行動する。			
人間関係	幼保連携型認定こども園の生活を楽しみ、自分の力で行動することの充実感を味わう。			
	身近な人と親しみ、関わりを深め、工夫したり、協力したりして一緒に活動する楽しさを味わい、愛情や信頼感をもつ。			
	社会生活における望ましい習慣や態度を身に付ける。			
環境	身近な環境に親しみ、自然と触れ合う中で様々な事象に興味や関心をもつ。			
	身近な環境に自分から関わり、発見を楽しんだり、考えたりし、それを生活に取り入れようとする。			
	身近な事象を見たり、考えたり、扱ったりする中で、物の性質や数量、文字などに対する感覚を豊かにする。			
言葉	自分の気持ちを言葉で表現する楽しさを味わう。			
	人の言葉や話などをよく聞き、自分の経験したことや考えたことを話し、伝え合う喜びを味わう。			
	日常生活に必要な言葉が分かるようになるとともに、絵本や物語などに親しみ、言葉に対する感覚を豊かにし、保育教諭等や友達と心を通わせる。			
表現	いろいろなものの美しさなどに対する豊かな感性をもつ。			
	感じたことや考えたことを自分なりに表現して楽しむ。			
	生活の中でイメージを豊かにし、様々な表現を楽しむ。			(特に配慮すべき事項) ダニやハウスダストに対するアレルギーがあり、くしゃみや鼻水の症状が出る。点鼻薬を使うといくらかおさまる。

出欠状況	年度	○年度	○年度	○年度
	教育日数	293	293	293
	出席日数	270	268	272

NG 否定的な受け止めになっている
事実を具体的に書いていますが、マイナス面のみを挙げている印象です。変容したよい姿を書いたり、肯定的に受け止めたりした文にしましょう。

NG 保育者がどのような援助をしたかが書かれていない
「個人の重点」の方向へ、どのように保育者が関わったのかが分かりません。

例　「○○ちゃんは、どうしているかな?」と友達に目が向けられるように働き掛けた。

OK 今後の課題について記入する
次年度の担任が指導を引き継げるようになっています。

4歳児

令和 ◯ 年度
(学年の重点) 身の回りの環境に能動的に働き掛け、楽しい遊びをつくり出そうとする。
(個人の重点) 心を動かす経験をして生き生きした表情で生活する。

　興味をもった遊びがとことんできるように援助した。砂場での池づくりでは、熱心に穴を掘り、水を運んだ。友達も手伝ってくれて池に水がいっぱいになると、一緒にはだしになって池に入り、うれしそうな顔になった。

　劇遊びでは、はじめは探検隊を希望していたが、人数が多いことに気付くと「やっぱり、やめる」とやめてしまう。友達にゆずる優しさというよりは、さほどのやる気はないものと思われる。キツネ役になり、3人の仲間で葉っぱのお金づくりを楽しむことができた。一回りして変身するというアイデアを出し、みんなに認められた。

　自立

(特に配慮すべき事項)
ダニやハウスダストに対するアレルギーがあり、くしゃみや鼻水の症状が出る。点鼻薬を使うといくらかおさまる。

5歳児

令和 ◯ 年度
(学年の重点) 友達とイメージを共有し、目的に向かって取り組む楽しさを味わう。
(個人の重点) 相手も自分も楽しくなる方法を探そうとする。

　ウサギ係になり、エサを切ったり小屋を掃除したり、友達と一緒に活動をした。その際、掃除をするよりもエサを切るほうをやりたいため、走って自分のまな板と包丁を確保する行動が見られた。「他の人も、エサを切りたいんじゃないかな?」と話しかけると、嫌な顔をしたが「やりたい人、どうぞ」とゆずることができた。

　回転ずしごっこでは、エアパッキンに赤色の油性ペンで色を塗り、イクラの軍艦巻きづくりを楽しんだ。友達と力を合わせて何点もつくり、お客さんが来るとうれしそうに対応した。友達とイメージを共有し、関わりを楽しめるようになったことをうれしく思う。

　協同

　なかなか表情が表れにくい。我慢強い点は、よいところでもあるが、感動体験を重ねて、感性を豊かにしながら生活できることを願う。

(特に配慮すべき事項)
ダニやハウスダストに対するアレルギーがあり、くしゃみや鼻水の症状が出る。点鼻薬を使うといくらかおさまる。

※実際の書式は、5歳児は別の用紙です(175ページ参照)。

人とあまり関わりをもたず、表情の乏しさが気になる子どもです。心を動かす経験ができるように配慮し、その配慮を具体的に書いておくことが望まれます。効果があった援助と、その後の姿を書くとよいでしょう。

OK　「個人の重点」に合致した記述
保育者の願いに沿い、笑顔で友達と遊ぶ姿が捉えられています。

NG　エピソードを選ぶ
保育者がどのように援助したかが分かる書き方です。しかし、保育者に言われて仕方なくゆずったと思われる場面です。より、その子の心の育ちが感じられるエピソードを探したいものです。

例　ウサギを小屋に戻す際、なかなか入ろうとせず困っていたが、近くにいた友達と囲い込んで追い込むのに成功した。友達と力を合わせるよさを感じられたようだった。

OK　10の姿「協同性」の育ち
友達と関わる中で、思いや考えを共有し共通の目的に向けて、考えたり工夫したり協力したり、充実感をもってやり遂げた姿を具体的に書いています。

OK　具体的な姿を描く
あまり物事に執着せず、あきらめがちな本児の姿がうかがえます。しかし、その後の偶然の出会いで活動を楽しめた様子が伝わります。

第10章　認定こども園園児指導要録

指導要録 Q&A

園児指導要録について

Q すでに従来の書類に記入している在園児に関しては、新様式に転記すべきでしょうか？

A 新様式に転記する必要はありません

平成30年度の記入から、新様式を使用します。29年度までの書類も大切に保管し、合わせて使用していくことになります。

Q 幼稚園型認定こども園、保育所型認定こども園も、幼保連携型の書式に記入するのですか？

A どちらを使用してもOKです

幼稚園型認定こども園は、幼稚園幼児指導要録を、保育所型認定こども園は、保育所児童保育要録の書式を使用しても構いません。使いやすい方を園で決めて記入してください。

Q 従来の「養護」に関わる事項の項目は、なぜなくなったのですか？

A 記述する欄が変更になりました

子どもの健康状態について、特に留意する必要がある場合は「特に配慮すべき事項」の欄に書くことになりました。また養護については「指導上参考となる事項」の欄に書きます。受け取る小学校側にとっては、就学前の様子がどの園でも似た書式で読めることに、メリットがあります。

Q 「教育」時間以外のことも要録に記入していいのでしょうか？

A もちろん構いません。生活全体を捉えましょう

子どもは教育時間でも教育時間外でも、園にいる間では様々な環境に関わり成長しています。何がきっかけとなって子どもが意欲をもったのか、いつも注意深く見つめ、子どもの発達の節目を捉えたいものです。教育時間も教育時間外も、同じ眼差しで子どもを支え続けましょう。

CD-ROMの使い方

本書に付属のCD-ROMには、様式の参考例（Word／Excel／Pdf）のデータと文例のテキストデータが収録されています。CD-ROMをお使いになる前に、下記の注意点などをご確認ください。

CD-ROM 取り扱い上の注意点

- 付属のCD-ROMをご使用いただくには、お使いのパソコンにCD-ROMドライブ、またはCD-ROMを読み込めるDVD-ROMドライブが装備されている必要があります。
- CD-ROMの裏面に傷をつけると、データが読み取れなくなる可能性がありますので、取り扱いには十分ご注意ください。
- 付属CD-ROMに収録されているデータは、WordまたはExcelの使い方を理解されている方を対象に制作されております。基本操作につきましては、それぞれの解説書をお読みください。
- 付属のCD-ROMに収録されているデータの使用方法についてのサポートは行っておりません。
- 本書では、Windows10上でMicrosoft Ofiice Word 2016を使った操作手順を紹介しています。お使いのパソコンの環境により、操作方法や画面表示が異なる場合があります。また、お使いのパソコンの環境によっては、レイアウトなどが崩れて表示される場合がありますので、ご了承ください。
- 作成した書類を印刷するには、お使いのパソコンに対応したプリンタが必要です。
- 付属のCD-ROMを使用したことにより生じた損害、障害、その他いかなる事態にも、弊社は一切責任を負いません。

※Windows、Microsoft Ofiice Wordなどは、米国Microsoft Corporationの登録商標です。本書では、商標登録マークなどの表記は省略しています。

本書掲載およびCD-ROM 収録の文例に関する使用許諾

- 本書掲載およびCD-ROM収録の文例の著作権・使用許諾権・商標権は、弊社および著作権者に帰属します。
- 本書掲載およびCD-ROM収録の文例は、営利目的ではご使用できません。ご購入された個人または法人・団体が営利を目的としない書類を作成する場合のみ、ご利用できます。
- 本書掲載およびCD-ROM収録の文例を複製し、第三者に譲渡・販売・貸与・頒布（放送やインターネットなどを通じたものを含む）することは禁じられています。

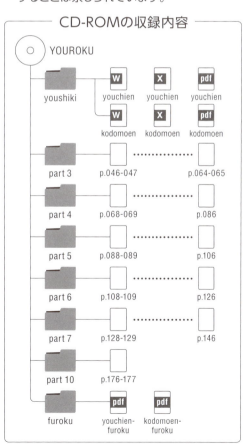

CD-ROMの収録内容

様式のデータについて

＊ 幼稚園

youchien youchien youchien

※「指導に関する記録」は、同じデータの次ページに入っています。

＊ こども園

kodomoen kodomoen kodomoen

※「指導等に関する記録」は、同じデータの次ページに入っています。

※必要に応じて元号を変更してください。

データの活用方法

Word
各項目の欄に、テキストを入力して使用します。詳しい使い方について、185ページから説明しています。
※97-2003の形式のデータも収録しています。

Excel
各セルに、テキストを入力して使用します。テキストファイルからのコピー方法は、Wordの場合と共通です。
※97-2003の形式のデータも収録しています。

Pdf
印刷をして、手書きで書き込みます。アドビシステムズ社の公式ウェブサイトより、Acrobat Reader（無償）をダウンロードして、ご使用ください。

使い方の手順

① CD-ROMを挿入する

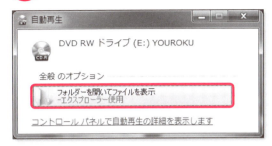

CD-ROMをパソコンに挿入します。自動再生ダイアログが表示されますので、「フォルダーを開いてファイルを表示」をクリックすると中身が表示されます。

アドバイス 自動再生されない

CD-ROMを挿入しても自動再生されない場合には、「スタートメニュー」→「コンピューター」の順にクリックします。CD-ROMのアイコンをダブルクリックすると、同じようにCD-ROMの中身が表示されます。

② フォルダを開く

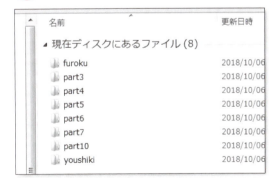

一覧で表示されているフォルダの中から、使いたいファイルが入っているフォルダを選んでダブルクリックします（お使いのパソコンの設定により、フォルダの表示形式は異なります）。テキストファイルがどのフォルダに入っているかは、ページの右上をご参照ください。

③ ファイルをコピーする

フォルダの中から、使いたいファイルをクリックしたままウインドウの外に移動し、デスクトップ上で離します。そうすると、ファイルをデスクトップ上にコピーできます。

テキストファイルも同じようにして、デスクトップ上にコピーしておきます。

④ ファイルを開く

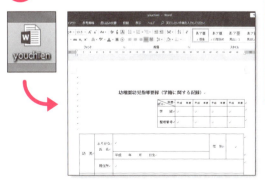

Wordファイルをダブルクリックし、開きます。

CD-ROMの使い方

アドバイス	「閲覧モード」で表示されている

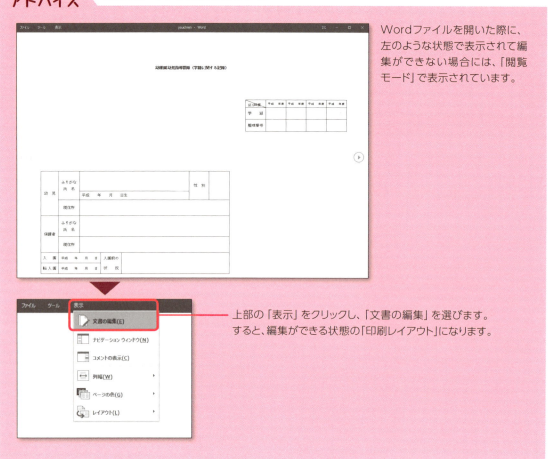

Wordファイルを開いた際に、左のような状態で表示されて編集ができない場合には、「閲覧モード」で表示されています。

上部の「表示」をクリックし、「文書の編集」を選びます。すると、編集ができる状態の「印刷レイアウト」になります。

❺ 文字を入力する

文字を入力したい項目のテキストボックスをクリックします。文字入力のカーソルが点滅し、文字を入力することができます。

アドバイス	表示を調整する

画面表示の大きさは、右下のズームスライダーを「＋」や「－」側に動かしたり、「ズーム」で倍率を指定したりし、変更することができます。

★ テキストをコピーして使用するときは？

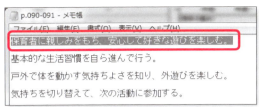

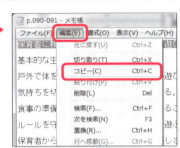

テキストファイルをダブルクリックして開き、使いたいテキストを選びます。「編集」タブから「コピー」をクリックします。

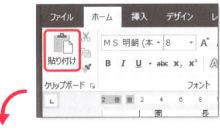

入力したい部分にカーソルを合わせます。「ホーム」タブの「貼り付け」ボタンをクリックすると、コピーしたテキストが入力されます。

❻ データを保存する

「ファイル」タブをクリックし、「名前を付けて保存」をクリックします。「参照」をクリックし、「デスクトップ」などの保存先を指定します。
「ファイル名」に、年度や名前など分かりやすいものを入力し「保存」ボタンをクリックします。

❼ 印刷する

「ファイル」タブをクリックし、「印刷」をクリックします。「部数」を設定し、「印刷」ボタンをクリックします。プリンタの設定方法などについては、ご使用のプリンタの説明書などでご確認ください。

★ 文字の大きさを変更するときは？

■ 文字の大きさを変えたい部分を選びます。

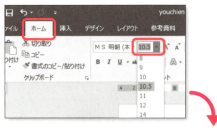

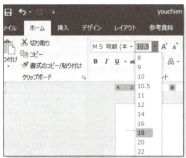

■ 「ホーム」タブの「フォントサイズ」欄の右側にある「▼」をクリックすると、文字のサイズが選べるようになります。直接、サイズの数字を入力しても変更できます。

■ 文字のサイズが変更されました。

★ ふりがなを付けるときは？

■ ふりがなを付けたい文字を選びます。

■ 「ホーム」タブの「ルビ」ボタンをクリックします。

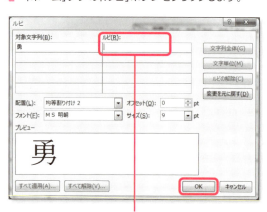

■ 「対象文字列」の右側の「ルビ」欄にふりがなを入力し、「OK」ボタンをクリックします。

■ すでに入力されている場合、そのままでよければ修正する必要はありません。

★ 変換で出てこない漢字を入力したいときは？

名前などの入力の際、変換しても出てこない漢字の場合があります。そのときは、パソコン画面右下の「入力モード」をクリックし、「IMEパッド」を選びます。

「IMEパッド」の左上の「手書き」をクリックします。指定の位置に、マウスをドラッグして手書きで文字を書きます。
候補の文字が表示されますので、その中から該当の文字を選んでクリックします。
「手書き」以外にも、「総画数」や「部首」から漢字を探すこともできます。

★ 行間をせまくするときは？

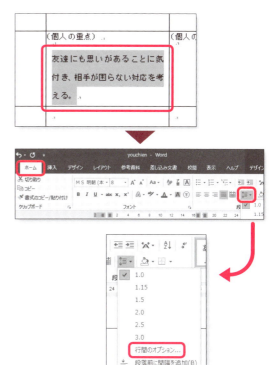

行間を変えたい部分を選びます。「ホーム」タブから「段落」を選び、「行間のオプション」をクリックします。

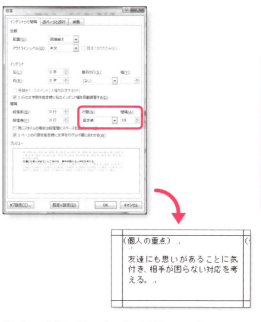

「間隔」欄の「行間」を「固定値」にし、「間隔」の数値を小さくすると、行間がせまくなります。

幼稚園教育要領

○文部科学省告示第六十二号

学校教育法施行規則(昭和二十二年文部省令第十一号)第三十八条の規定に基づき,幼稚園教育要領(平成二十年文部科学省告示第二十六号)の全部を次のように改正し,平成三十年四月一日から施行する。

平成二十九年三月三十一日

　　　　　　　　　文部科学大臣　松野　博一

幼稚園教育要領
目次
　前文
　第1章　総則
　　第1　幼稚園教育の基本
　　第2　幼稚園教育において育みたい資質・能力及び「幼児期の終わりまでに育ってほしい姿」
　　第3　教育課程の役割と編成等
　　第4　指導計画の作成と幼児理解に基づいた評価
　　第5　特別な配慮を必要とする幼児への指導
　　第6　幼稚園運営上の留意事項
　　第7　教育課程に係る教育時間終了後等に行う教育活動など
　第2章　ねらい及び内容
　　健康
　　人間関係
　　環境
　　言葉
　　表現
　第3章　教育課程に係る教育時間の終了後等に行う教育活動などの留意事項

教育は,教育基本法第1条に定めるとおり,人格の完成を目指し,平和で民主的な国家及び社会の形成者として必要な資質を備えた心身ともに健康な国民の育成を期すという目的のもと,同法第2条に掲げる次の目標を達成するよう行われなければならない。

1　幅広い知識と教養を身に付け,真理を求める態度を養い,豊かな情操と道徳心を培うとともに,健やかな身体を養うこと。
2　個人の価値を尊重して,その能力を伸ばし,創造性を培い,自主及び自律の精神を養うとともに,職業及び生活との関連を重視し,勤労を重んずる態度を養うこと。
3　正義と責任,男女の平等,自他の敬愛と協力を重んずるとともに,公共の精神に基づき,主体的に社会の形成に参画し,その発展に寄与する態度を養うこと。
4　生命を尊び,自然を大切にし,環境の保全に寄与する態度を養うこと。
5　伝統と文化を尊重し,それらをはぐくんできた我が国と郷土を愛するとともに,他国を尊重し,国際社会の平和と発展に寄与する態度を養うこと。

また,幼児期の教育については,同法第11条に掲げるとおり,生涯にわたる人格形成の基礎を培う重要なものであることにかんがみ,国及び地方公共団体は,幼児の健やかな成長に資する良好な環境の整備その他適当な方法によって,その振興に努めなければならないこととされている。

これからの幼稚園には,学校教育の始まりとして,こうした教育の目的及び目標の達成を目指しつつ,一人一人の幼児が,将来,自分のよさや可能性を認識するとともに,あらゆる他者を価値のある存在として尊重し,多様な人々と協働しながら様々な社会的変化を乗り越え,豊かな人生を切り拓き,持続可能な社会の創り手となることができるようにするための基礎を培うことが求められる。このために必要な教育の在り方を具体化するのが,各幼稚園において教育の内容等を組織的かつ計画的に組み立てた教育課程である。

教育課程を通して,これからの時代に求められる教育を実現していくためには,よりよい学校教育を通してよりよい社会を創るという理念を学校と社会とが共有し,それぞれの幼稚園において,幼児期にふさわしい生活をどのように展開し,どのような資質・能力を育むようにするのかを教育課程において明確にしながら,社会との連携及び協働によりその実現を図っていくという,社会に開かれた教育課程の実現が重要となる。

幼稚園教育要領とは,こうした理念の実現に向けて必要となる教育課程の基準を大綱的に定めるものである。幼稚園教育要領が果たす役割の一つは,公の性質を有する幼稚園における教育水準を全国的に確保することである。また,各幼稚園がその特色を生かして創意工夫を重ね,長年にわたり積み重ねら

れてきた教育実践や学術研究の蓄積を生かしながら,幼児や地域の現状や課題を捉え,家庭や地域社会と協力して,幼稚園教育要領を踏まえた教育活動の更なる充実を図っていくことも重要である。

　幼児の自発的な活動としての遊びを生み出すために必要な環境を整え,一人一人の資質・能力を育んでいくことは,教職員をはじめとする幼稚園関係者はもとより,家庭や地域の人々も含め,様々な立場から幼児や幼稚園に関わる全ての大人に期待される役割である。家庭との緊密な連携の下,小学校以降の教育や生涯にわたる学習とのつながりを見通しながら,幼児の自発的な活動としての遊びを通しての総合的な指導をする際に広く活用されるものとなることを期待して,ここに幼稚園教育要領を定める。

第1章　総　則

第1　幼稚園教育の基本

　幼児期の教育は,生涯にわたる人格形成の基礎を培う重要なものであり,幼稚園教育は,学校教育法に規定する目的及び目標を達成するため,幼児期の特性を踏まえ,環境を通して行うものであることを基本とする。

　このため教師は,幼児との信頼関係を十分に築き,幼児が身近な環境に主体的に関わり,環境との関わり方や意味に気付き,これらを取り込もうとして,試行錯誤したり,考えたりするようになる幼児期の教育における見方・考え方を生かし,幼児と共によりよい教育環境を創造するように努めるものとする。これらを踏まえ,次に示す事項を重視して教育を行わなければならない。

1　幼児は安定した情緒の下で自己を十分に発揮することにより発達に必要な体験を得ていくものであることを考慮して,幼児の主体的な活動を促し,幼児期にふさわしい生活が展開されるようにすること。

2　幼児の自発的な活動としての遊びは,心身の調和のとれた発達の基礎を培う重要な学習であることを考慮して,遊びを通しての指導を中心として第2章に示すねらいが総合的に達成されるようにすること。

3　幼児の発達は,心身の諸側面が相互に関連し合い,多様な経過をたどって成し遂げられていくものであること,また,幼児の生活経験がそれぞれ異なることなどを考慮して,幼児一人一人の特性に応じ,発達の課題に即した指導を行うようにすること。

　その際,教師は,幼児の主体的な活動が確保されるよう幼児一人一人の行動の理解と予想に基づき,計画的に環境を構成しなければならない。この場合において,教師は,幼児と人やものとの関わりが重要であることを踏まえ,教材を工夫し,物的・空間的環境を構成しなければならない。また,幼児一人一人の活動の場面に応じて,様々な役割を果たし,その活動を豊かにしなければならない。

第2　幼稚園教育において育みたい資質・能力及び「幼児期の終わりまでに育ってほしい姿」

1　幼稚園においては,生きる力の基礎を育むため,この章の第1に示す幼稚園教育の基本を踏まえ,次に掲げる資質・能力を一体的に育むよう努めるものとする。

(1)　豊かな体験を通じて,感じたり,気付いたり,分かったり,できるようになったりする「知識及び技能の基礎」

(2)　気付いたことや,できるようになったことなどを使い,考えたり,試したり,工夫したり,表現したりする「思考力,判断力,表現力等の基礎」

(3)　心情,意欲,態度が育つ中で,よりよい生活を営もうとする「学びに向かう力,人間性等」

2　1に示す資質・能力は,第2章に示すねらい及び内容に基づく活動全体によって育むものである。

3　次に示す「幼児期の終わりまでに育ってほしい姿」は,第2章に示すねらい及び内容に基づく活動全体を通して資質・能力が育まれている幼児の幼稚園修了時の具体的な姿であり,教師が指導を行う際に考慮するものである。

(1)　健康な心と体

　　幼稚園生活の中で,充実感をもって自分のやりたいことに向かって心と体を十分に働かせ,見通しをもって行動し,自ら健康で安全な生活をつくり出すようになる。

(2)　自立心

　　身近な環境に主体的に関わり様々な活動を楽しむ中で,しなければならないことを自覚し,自分の力で行うために考えたり,工夫したりしながら,諦めずにやり遂げることで達成感を味わい,自信をもって行動するようになる。

(3)　協同性

　　友達と関わる中で,互いの思いや考えなどを共有し,共通の目的の実現に向けて,考えたり,

工夫したり，協力したりし，充実感をもってやり遂げるようになる。
(4) 道徳性・規範意識の芽生え
友達と様々な体験を重ねる中で，してよいことや悪いことが分かり，自分の行動を振り返ったり，友達の気持ちに共感したりし，相手の立場に立って行動するようになる。また，きまりを守る必要性が分かり，自分の気持ちを調整し，友達と折り合いを付けながら，きまりをつくったり，守ったりするようになる。
(5) 社会生活との関わり
家族を大切にしようとする気持ちをもつとともに，地域の身近な人と触れ合う中で，人との様々な関わり方に気付き，相手の気持ちを考えて関わり，自分が役に立つ喜びを感じ，地域に親しみをもつようになる。また，幼稚園内外の様々な環境に関わる中で，遊びや生活に必要な情報を取り入れ，情報に基づき判断したり，情報を伝え合ったり，活用したりするなど，情報を役立てながら活動するようになるとともに，公共の施設を大切に利用するなどして，社会とのつながりなどを意識するようになる。
(6) 思考力の芽生え
身近な事象に積極的に関わる中で，物の性質や仕組みなどを感じ取ったり，気付いたりし，考えたり，予想したり，工夫したりするなど，多様な関わりを楽しむようになる。また，友達の様々な考えに触れる中で，自分と異なる考えがあることに気付き，自ら判断したり，考え直したりするなど，新しい考えを生み出す喜びを味わいながら，自分の考えをよりよいものにするようになる。
(7) 自然との関わり・生命尊重
自然に触れて感動する体験を通して，自然の変化などを感じ取り，好奇心や探究心をもって考え言葉などで表現しながら，身近な事象への関心が高まるとともに，自然への愛情や畏敬の念をもつようになる。また，身近な動植物に心を動かされる中で，生命の不思議さや尊さに気付き，身近な動植物への接し方を考え，命あるものとしていたわり，大切にする気持ちをもって関わるようになる。
(8) 数量や図形，標識や文字などへの関心・感覚
遊びや生活の中で，数量や図形，標識や文字などに親しむ体験を重ねたり，標識や文字の役割に気付いたりし，自らの必要感に基づきこれらを活用し，興味や関心，感覚をもつようになる。
(9) 言葉による伝え合い
先生や友達と心を通わせる中で，絵本や物語などに親しみながら，豊かな言葉や表現を身に付け，経験したことや考えたことなどを言葉で伝えたり，相手の話を注意して聞いたりし，言葉による伝え合いを楽しむようになる。
(10) 豊かな感性と表現
心を動かす出来事などに触れ感性を働かせる中で，様々な素材の特徴や表現の仕方などに気付き，感じたことや考えたことを自分で表現したり，友達同士で表現する過程を楽しんだりし，表現する喜びを味わい，意欲をもつようになる。

第3 教育課程の役割と編成等
1 教育課程の役割
各幼稚園においては，教育基本法及び学校教育法その他の法令並びにこの幼稚園教育要領の示すところに従い，創意工夫を生かし，幼児の心身の発達と幼稚園及び地域の実態に即応した適切な教育課程を編成するものとする。また，各幼稚園においては，6に示す全体的な計画にも留意しながら，「幼児期の終わりまでに育ってほしい姿」を踏まえ教育課程を編成すること，教育課程の実施状況を評価してその改善を図っていくこと，教育課程の実施に必要な人的又は物的な体制を確保するとともにその改善を図っていくことなどを通して，教育課程に基づき組織的かつ計画的に各幼稚園の教育活動の質の向上を図っていくこと（以下「カリキュラム・マネジメント」という。）に努めるものとする。
2 各幼稚園の教育目標と教育課程の編成
教育課程の編成に当たっては，幼稚園教育において育みたい資質・能力を踏まえつつ，各幼稚園の教育目標を明確にするとともに，教育課程の編成についての基本的な方針が家庭や地域とも共有されるよう努めるものとする。
3 教育課程の編成上の基本的事項
(1) 幼稚園生活の全体を通して第2章に示すねらいが総合的に達成されるよう，教育課程に係る教育期間や幼児の生活経験や発達の過程などを考慮して具体的なねらいと内容を組織するものとする。この場合において，特に，自我が芽生え，他者の存在を意識し，自己を抑制しようとする気持ちが生まれる幼児期の発達の特性を踏

まえ，入園から修了に至るまでの長期的な視野をもって充実した生活が展開できるように配慮するものとする。
(2) 幼稚園の毎学年の教育課程に係る教育週数は，特別の事情のある場合を除き，39週を下ってはならない。
(3) 幼稚園の1日の教育課程に係る教育時間は，4時間を標準とする。ただし，幼児の心身の発達の程度や季節などに適切に配慮するものとする。

4　教育課程の編成上の留意事項
教育課程の編成に当たっては，次の事項に留意するものとする。
(1) 幼児の生活は，入園当初の一人一人の遊びや教師との触れ合いを通して幼稚園生活に親しみ，安定していく時期から，他の幼児との関わりの中で幼児の主体的な活動が深まり，幼児が互いに必要な存在であることを認識するようになり，やがて幼児同士や学級全体で目的をもって協同して幼稚園生活を展開し，深めていく時期などに至るまでの過程を様々に経ながら広げられていくものであることを考慮し，活動がそれぞれの時期にふさわしく展開されるようにすること。
(2) 入園当初，特に，3歳児の入園については，家庭との連携を緊密にし，生活のリズムや安全面に十分配慮すること。また，満3歳児については，学年の途中から入園することを考慮し，幼児が安心して幼稚園生活を過ごすことができるよう配慮すること。
(3) 幼稚園生活が幼児にとって安全なものとなるよう，教職員による協力体制の下，幼児の主体的な活動を大切にしつつ，園庭や園舎などの環境の配慮や指導の工夫を行うこと。

5　小学校教育との接続に当たっての留意事項
(1) 幼稚園においては，幼稚園教育が，小学校以降の生活や学習の基盤の育成につながることに配慮し，幼児期にふさわしい生活を通して，創造的な思考や主体的な生活態度などの基礎を培うようにするものとする。
(2) 幼稚園教育において育まれた資質・能力を踏まえ，小学校教育が円滑に行われるよう，小学校の教師との意見交換や合同の研究の機会などを設け，「幼児期の終わりまでに育ってほしい姿」を共有するなど連携を図り，幼稚園教育と小学校教育との円滑な接続を図るよう努めるものとする。

6　全体的な計画の作成
各幼稚園においては，教育課程を中心に，第3章に示す教育課程に係る教育時間の終了後等に行う教育活動の計画，学校保健計画，学校安全計画などとを関連させ，一体的に教育活動が展開されるよう全体的な計画を作成するものとする。

第4　指導計画の作成と幼児理解に基づいた評価

1　指導計画の考え方
幼稚園教育は，幼児が自ら意欲をもって環境と関わることによりつくり出される具体的な活動を通して，その目標の達成を図るものである。
幼稚園においてはこのことを踏まえ，幼児期にふさわしい生活が展開され，適切な指導が行われるよう，それぞれの幼稚園の教育課程に基づき，調和のとれた組織的，発展的な指導計画を作成し，幼児の活動に沿った柔軟な指導を行わなければならない。

2　指導計画の作成上の基本的事項
(1) 指導計画は，幼児の発達に即して一人一人の幼児が幼児期にふさわしい生活を展開し，必要な体験を得られるようにするために，具体的に作成するものとする。
(2) 指導計画の作成に当たっては，次に示すところにより，具体的なねらい及び内容を明確に設定し，適切な環境を構成することなどにより活動が選択・展開されるようにするものとする。
ア　具体的なねらい及び内容は，幼稚園生活における幼児の発達の過程を見通し，幼児の生活の連続性，季節の変化などを考慮して，幼児の興味や関心，発達の実情などに応じて設定すること。
イ　環境は，具体的なねらいを達成するために適切なものとなるように構成し，幼児が自らその環境に関わることにより様々な活動を展開しつつ必要な体験を得られるようにすること。その際，幼児の生活する姿や発想を大切にし，常にその環境が適切なものとなるようにすること。
ウ　幼児の行う具体的な活動は，生活の流れの中で様々に変化するものであることに留意し，幼児が望ましい方向に向かって自ら活動を展開していくことができるよう必要な援助をすること。
その際，幼児の実態及び幼児を取り巻く状況の変化などに即して指導の過程についての評価を適切に行い，常に指導計画の改善を図るものとする。

3 指導計画の作成上の留意事項

指導計画の作成に当たっては，次の事項に留意するものとする。

(1) 長期的に発達を見通した年，学期，月などにわたる長期の指導計画やこれとの関連を保ちながらより具体的な幼児の生活に即した週，日などの短期の指導計画を作成し，適切な指導が行われるようにすること。特に，週，日などの短期の指導計画については，幼児の生活のリズムに配慮し，幼児の意識や興味の連続性のある活動が相互に関連して幼稚園生活の自然な流れの中に組み込まれるようにすること。

(2) 幼児が様々な人やものとの関わりを通して，多様な体験をし，心身の調和のとれた発達を促すようにしていくこと。その際，幼児の発達に即して主体的・対話的で深い学びが実現するようにするとともに，心を動かされる体験が次の活動を生み出すことを考慮し，一つ一つの体験が相互に結び付き，幼稚園生活が充実するようにすること。

(3) 言語に関する能力の発達と思考力等の発達が関連していることを踏まえ，幼稚園生活全体を通して，幼児の発達を踏まえた言語環境を整え，言語活動の充実を図ること。

(4) 幼児が次の活動への期待や意欲をもつことができるよう，幼児の実態を踏まえながら，教師や他の幼児と共に遊びや生活の中で見通しをもったり，振り返ったりするよう工夫すること。

(5) 行事の指導に当たっては，幼稚園生活の自然の流れの中で生活に変化や潤いを与え，幼児が主体的に楽しく活動できるようにすること。なお，それぞれの行事についてはその教育的価値を十分検討し，適切なものを精選し，幼児の負担にならないようにすること。

(6) 幼児期は直接的な体験が重要であることを踏まえ，視聴覚教材やコンピュータなど情報機器を活用する際には，幼稚園生活では得難い体験を補完するなど，幼児の体験との関連を考慮すること。

(7) 幼児の主体的な活動を促すためには，教師が多様な関わりをもつことが重要であることを踏まえ，教師は，理解者，共同作業者など様々な役割を果たし，幼児の発達に必要な豊かな体験が得られるよう，活動の場面に応じて，適切な指導を行うようにすること。

(8) 幼児の行う活動は，個人，グループ，学級全体などで多様に展開されるものであることを踏まえ，幼稚園全体の教師による協力体制を作りながら，一人一人の幼児が興味や欲求を十分に満足させるよう適切な援助を行うようにすること。

4 幼児理解に基づいた評価の実施

幼児一人一人の発達の理解に基づいた評価の実施に当たっては，次の事項に配慮するものとする。

(1) 指導の過程を振り返りながら幼児の理解を進め，幼児一人一人のよさや可能性などを把握し，指導の改善に生かすようにすること。その際，他の幼児との比較や一定の基準に対する達成度についての評定によって捉えるものではないことに留意すること。

(2) 評価の妥当性や信頼性が高められるよう創意工夫を行い，組織的かつ計画的な取組を推進するとともに，次年度又は小学校等にその内容が適切に引き継がれるようにすること。

第5 特別な配慮を必要とする幼児への指導

1 障害のある幼児などへの指導

障害のある幼児などへの指導に当たっては，集団の中で生活することを通して全体的な発達を促していくことに配慮し，特別支援学校などの助言又は援助を活用しつつ，個々の幼児の障害の状態などに応じた指導内容や指導方法の工夫を組織的かつ計画的に行うものとする。また，家庭，地域及び医療や福祉，保健等の業務を行う関係機関との連携を図り，長期的な視点で幼児への教育的支援を行うために，個別の教育支援計画を作成し活用することに努めるとともに，個々の幼児の実態を的確に把握し，個別の指導計画を作成し活用することに努めるものとする。

2 海外から帰国した幼児や生活に必要な日本語の習得に困難のある幼児の幼稚園生活への適応

海外から帰国した幼児や生活に必要な日本語の習得に困難のある幼児については，安心して自己を発揮できるよう配慮するなど個々の幼児の実態に応じ，指導内容や指導方法の工夫を組織的かつ計画的に行うものとする。

第6 幼稚園運営上の留意事項

1 各幼稚園においては，園長の方針の下に，園務分掌に基づき教職員が適切に役割を分担しつつ，相互に連携しながら，教育課程や指導の改善を図るものとする。また，各幼稚園が行う

学校評価については，教育課程の編成，実施，改善が教育活動や幼稚園運営の中核となることを踏まえ，カリキュラム・マネジメントと関連付けながら実施するよう留意するものとする。

2　幼児の生活は，家庭を基盤として地域社会を通じて次第に広がりをもつものであることに留意し，家庭との連携を十分に図るなど，幼稚園における生活が家庭や地域社会と連続性を保ちつつ展開されるようにするものとする。その際，地域の自然，高齢者や異年齢の子供などを含む人材，行事や公共施設などの地域の資源を積極的に活用し，幼児が豊かな生活体験を得られるように工夫するものとする。また，家庭との連携に当たっては，保護者との情報交換の機会を設けたり，保護者と幼児との活動の機会を設けたりなどすることを通じて，保護者の幼児期の教育に関する理解が深まるよう配慮するものとする。

3　地域や幼稚園の実態等により，幼稚園間に加え，保育所，幼保連携型認定こども園，小学校，中学校，高等学校及び特別支援学校などとの間の連携や交流を図るものとする。特に，幼稚園教育と小学校教育の円滑な接続のため，幼稚園の幼児と小学校の児童との交流の機会を積極的に設けるようにするものとする。また，障害のある幼児児童生徒との交流及び共同学習の機会を設け，共に尊重し合いながら協働して生活していく態度を育むよう努めるものとする。

第7　教育課程に係る教育時間終了後等に行う教育活動など

幼稚園は，第3章に示す教育課程に係る教育時間の終了後等に行う教育活動について，学校教育法に規定する目的及び目標並びにこの章の第1に示す幼稚園教育の基本を踏まえ実施するものとする。また，幼稚園の目的の達成に資するため，幼児の生活全体が豊かなものとなるよう家庭や地域における幼児期の教育の支援に努めるものとする。

第2章　ねらい及び内容

この章に示すねらいは，幼稚園教育において育みたい資質・能力を幼児の生活する姿から捉えたものであり，内容は，ねらいを達成するために指導する事項である。各領域は，これらを幼児の発達の側面から，心身の健康に関する領域「健康」，人との関わりに関する領域「人間関係」，身近な環境との関わりに関する領域「環境」，言葉の獲得に関する領域「言葉」及び感性と表現に関する領域「表現」としてまとめ，示したものである。内容の取扱いは，幼児の発達を踏まえた指導を行うに当たって留意すべき事項である。

各領域に示すねらいは，幼稚園における生活の全体を通じ，幼児が様々な体験を積み重ねる中で相互に関連をもちながら次第に達成に向かうものであること，内容は，幼児が環境に関わって展開する具体的な活動を通して総合的に指導されるものであることに留意しなければならない。

また，「幼児期の終わりまでに育ってほしい姿」が，ねらい及び内容に基づく活動全体を通して資質・能力が育まれている幼児の幼稚園修了時の具体的な姿であることを踏まえ，指導を行う際に考慮するものとする。

なお，特に必要な場合には，各領域に示すねらいの趣旨に基づいて適切な，具体的な内容を工夫し，それを加えても差し支えないが，その場合には，それが第1章の第1に示す幼稚園教育の基本を逸脱しないよう慎重に配慮する必要がある。

健康

〔健康な心と体を育て，自ら健康で安全な生活をつくり出す力を養う。〕

1　ねらい
(1)　明るく伸び伸びと行動し，充実感を味わう。
(2)　自分の体を十分に動かし，進んで運動しようとする。
(3)　健康，安全な生活に必要な習慣や態度を身に付け，見通しをもって行動する。

2　内容
(1)　先生や友達と触れ合い，安定感をもって行動する。
(2)　いろいろな遊びの中で十分に体を動かす。
(3)　進んで戸外で遊ぶ。
(4)　様々な活動に親しみ，楽しんで取り組む。
(5)　先生や友達と食べることを楽しみ，食べ物への興味や関心をもつ。
(6)　健康な生活のリズムを身に付ける。
(7)　身の回りを清潔にし，衣服の着脱，食事，排泄などの生活に必要な活動を自分でする。
(8)　幼稚園における生活の仕方を知り，自分たちで生活の場を整えながら見通しをもって行動する。
(9)　自分の健康に関心をもち，病気の予防などに必要な活動を進んで行う。

(10) 危険な場所，危険な遊び方，災害時などの行動の仕方が分かり，安全に気を付けて行動する。

3 内容の取扱い

上記の取扱いに当たっては，次の事項に留意する必要がある。

(1) 心と体の健康は，相互に密接な関連があるものであることを踏まえ，幼児が教師や他の幼児との温かい触れ合いの中で自己の存在感や充実感を味わうことなどを基盤として，しなやかな心と体の発達を促すこと。特に，十分に体を動かす気持ちよさを体験し，自ら体を動かそうとする意欲が育つようにすること。

(2) 様々な遊びの中で，幼児が興味や関心，能力に応じて全身を使って活動することにより，体を動かす楽しさを味わい，自分の体を大切にしようとする気持ちが育つようにすること。その際，多様な動きを経験する中で，体の動きを調整するようにすること。

(3) 自然の中で伸び伸びと体を動かして遊ぶことにより，体の諸機能の発達が促されることに留意し，幼児の興味や関心が戸外にも向くようにすること。その際，幼児の動線に配慮した園庭や遊具の配置などを工夫すること。

(4) 健康な心と体を育てるためには食育を通じた望ましい食習慣の形成が大切であることを踏まえ，幼児の食生活の実情に配慮し，和やかな雰囲気の中で教師や他の幼児と食べる喜びや楽しさを味わったり，様々な食べ物への興味や関心をもったりするなどし，食の大切さに気付き，進んで食べようとする気持ちが育つようにすること。

(5) 基本的な生活習慣の形成に当たっては，家庭での生活経験に配慮し，幼児の自立心を育て，幼児が他の幼児と関わりながら主体的な活動を展開する中で，生活に必要な習慣を身に付け，次第に見通しをもって行動できるようにすること。

(6) 安全に関する指導に当たっては，情緒の安定を図り，遊びを通して安全についての構えを身に付け，危険な場所や事物などが分かり，安全についての理解を深めるようにすること。また，交通安全の習慣を身に付けるようにするとともに，避難訓練などを通して，災害などの緊急時に適切な行動がとれるようにすること。

人間関係

〔他の人々と親しみ，支え合って生活するために，自立心を育て，人と関わる力を養う。〕

1 ねらい

(1) 幼稚園生活を楽しみ，自分の力で行動することの充実感を味わう。

(2) 身近な人と親しみ，関わりを深め，工夫したり，協力したりして一緒に活動する楽しさを味わい，愛情や信頼感をもつ。

(3) 社会生活における望ましい習慣や態度を身に付ける。

2 内容

(1) 先生や友達と共に過ごすことの喜びを味わう。

(2) 自分で考え，自分で行動する。

(3) 自分でできることは自分でする。

(4) いろいろな遊びを楽しみながら物事をやり遂げようとする気持ちをもつ。

(5) 友達と積極的に関わりながら喜びや悲しみを共感し合う。

(6) 自分の思ったことを相手に伝え，相手の思っていることに気付く。

(7) 友達のよさに気付き，一緒に活動する楽しさを味わう。

(8) 友達と楽しく活動する中で，共通の目的を見いだし，工夫したり，協力したりなどする。

(9) よいことや悪いことがあることに気付き，考えながら行動する。

(10) 友達との関わりを深め，思いやりをもつ。

(11) 友達と楽しく生活する中できまりの大切さに気付き，守ろうとする。

(12) 共同の遊具や用具を大切にし，皆で使う。

(13) 高齢者をはじめ地域の人々などの自分の生活に関係の深いいろいろな人に親しみをもつ。

3 内容の取扱い

上記の取扱いに当たっては，次の事項に留意する必要がある。

(1) 教師との信頼関係に支えられて自分自身の生活を確立していくことが人と関わる基盤となることを考慮し，幼児が自ら周囲に働き掛けることにより多様な感情を体験し，試行錯誤しながら諦めずにやり遂げることの達成感や，前向きな見通しをもって自分の力で行うことの充実感を味わうことができるよう，幼児の行動を見守りながら適切な援助を行うようにすること。

(2) 一人一人を生かした集団を形成しながら人と関わる力を育てていくようにすること。その際，集団の生活の中で，幼児が自己を発揮し，教師

や他の幼児に認められる体験をし，自分のよさや特徴に気付き，自信をもって行動できるようにすること。
(3) 幼児が互いに関わりを深め，協同して遊ぶようになるため，自ら行動する力を育てるようにするとともに，他の幼児と試行錯誤しながら活動を展開する楽しさや共通の目的が実現する喜びを味わうことができるようにすること。
(4) 道徳性の芽生えを培うに当たっては，基本的な生活習慣の形成を図るとともに，幼児が他の幼児との関わりの中で他人の存在に気付き，相手を尊重する気持ちをもって行動できるようにし，また，自然や身近な動植物に親しむことなどを通して豊かな心情が育つようにすること。特に，人に対する信頼感や思いやりの気持ちは，葛藤やつまずきをも体験し，それらを乗り越えることにより次第に芽生えてくることに配慮すること。
(5) 集団の生活を通して，幼児が人との関わりを深め，規範意識の芽生えが培われることを考慮し，幼児が教師との信頼関係に支えられて自己を発揮する中で，互いに思いを主張し，折り合いを付ける体験をし，きまりの必要性などに気付き，自分の気持ちを調整する力が育つようにすること。
(6) 高齢者をはじめ地域の人々などの自分の生活に関係の深いいろいろな人と触れ合い，自分の感情や意志を表現しながら共に楽しみ，共感し合う体験を通して，これらの人々などに親しみをもち，人と関わることの楽しさや人の役に立つ喜びを味わうことができるようにすること。また，生活を通して親や祖父母などの家族の愛情に気付き，家族を大切にしようとする気持ちが育つようにすること。

環境

〔周囲の様々な環境に好奇心や探究心をもって関わり，それらを生活に取り入れていこうとする力を養う。〕

1　ねらい
(1) 身近な環境に親しみ，自然と触れ合う中で様々な事象に興味や関心をもつ。
(2) 身近な環境に自分から関わり，発見を楽しんだり，考えたりし，それを生活に取り入れようとする。
(3) 身近な事象を見たり，考えたり，扱ったりする中で，物の性質や数量，文字などに対する感覚を豊かにする。

2　内容
(1) 自然に触れて生活し，その大きさ，美しさ，不思議さなどに気付く。
(2) 生活の中で，様々な物に触れ，その性質や仕組みに興味や関心をもつ。
(3) 季節により自然や人間の生活に変化のあることに気付く。
(4) 自然などの身近な事象に関心をもち，取り入れて遊ぶ。
(5) 身近な動植物に親しみをもって接し，生命の尊さに気付き，いたわったり，大切にしたりする。
(6) 日常生活の中で，我が国や地域社会における様々な文化や伝統に親しむ。
(7) 身近な物を大切にする。
(8) 身近な物や遊具に興味をもって関わり，自分なりに比べたり，関連付けたりしながら考えたり，試したりして工夫して遊ぶ。
(9) 日常生活の中で数量や図形などに関心をもつ。
(10) 日常生活の中で簡単な標識や文字などに関心をもつ。
(11) 生活に関係の深い情報や施設などに興味や関心をもつ。
(12) 幼稚園内外の行事において国旗に親しむ。

3　内容の取扱い

上記の取扱いに当たっては，次の事項に留意する必要がある。
(1) 幼児が，遊びの中で周囲の環境と関わり，次第に周囲の世界に好奇心を抱き，その意味や操作の仕方に関心をもち，物事の法則性に気付き，自分なりに考えることができるようになる過程を大切にすること。また，他の幼児の考えなどに触れて新しい考えを生み出す喜びや楽しさを味わい，自分の考えをよりよいものにしようとする気持ちが育つようにすること。
(2) 幼児期において自然のもつ意味は大きく，自然の大きさ，美しさ，不思議さなどに直接触れる体験を通して，幼児の心が安らぎ，豊かな感情，好奇心，思考力，表現力の基礎が培われることを踏まえ，幼児が自然との関わりを深めることができるよう工夫すること。
(3) 身近な事象や動植物に対する感動を伝え合い，共感し合うことなどを通して自分から関わろうとする意欲を育てるとともに，様々な関わり方を通してそれらに対する親しみや畏敬の念，生命を大切にする気持ち，公共心，探究心などが養われるようにすること。

(4) 文化や伝統に親しむ際には，正月や節句など我が国の伝統的な行事，国歌，唱歌，わらべうたや我が国の伝統的な遊びに親しんだり，異なる文化に触れる活動に親しんだりすることを通じて，社会とのつながりの意識や国際理解の意識の芽生えなどが養われるようにすること。

(5) 数量や文字などに関しては，日常生活の中で幼児自身の必要感に基づく体験を大切にし，数量や文字などに関する興味や関心，感覚が養われるようにすること。

言葉

〔経験したことや考えたことなどを自分なりの言葉で表現し，相手の話す言葉を聞こうとする意欲や態度を育て，言葉に対する感覚や言葉で表現する力を養う。〕

1　ねらい

(1) 自分の気持ちを言葉で表現する楽しさを味わう。

(2) 人の言葉や話などをよく聞き，自分の経験したことや考えたことを話し，伝え合う喜びを味わう。

(3) 日常生活に必要な言葉が分かるようになるとともに，絵本や物語などに親しみ，言葉に対する感覚を豊かにし，先生や友達と心を通わせる。

2　内容

(1) 先生や友達の言葉や話に興味や関心をもち，親しみをもって聞いたり，話したりする。

(2) したり，見たり，聞いたり，感じたり，考えたりなどしたことを自分なりに言葉で表現する。

(3) したいこと，してほしいことを言葉で表現したり，分からないことを尋ねたりする。

(4) 人の話を注意して聞き，相手に分かるように話す。

(5) 生活の中で必要な言葉が分かり，使う。

(6) 親しみをもって日常の挨拶をする。

(7) 生活の中で言葉の楽しさや美しさに気付く。

(8) いろいろな体験を通じてイメージや言葉を豊かにする。

(9) 絵本や物語などに親しみ，興味をもって聞き，想像をする楽しさを味わう。

(10) 日常生活の中で，文字などで伝える楽しさを味わう。

3　内容の取扱い

上記の取扱いに当たっては，次の事項に留意する必要がある。

(1) 言葉は，身近な人に親しみをもって接し，自分の感情や意志などを伝え，それに相手が応答し，その言葉を聞くことを通して次第に獲得されていくものであることを考慮して，幼児が教師や他の幼児と関わることにより心を動かされるような体験をし，言葉を交わす喜びを味わえるようにすること。

(2) 幼児が自分の思いを言葉で伝えるとともに，教師や他の幼児などの話を興味をもって注意して聞くことを通して次第に話を理解するようになっていき，言葉による伝え合いができるようにすること。

(3) 絵本や物語などで，その内容と自分の経験とを結び付けたり，想像を巡らせたりするなど，楽しみを十分に味わうことによって，次第に豊かなイメージをもち，言葉に対する感覚が養われるようにすること。

(4) 幼児が生活の中で，言葉の響きやリズム，新しい言葉や表現などに触れ，これらを使う楽しさを味わえるようにすること。その際，絵本や物語に親しんだり，言葉遊びなどをしたりすることを通して，言葉が豊かになるようにすること。

(5) 幼児が日常生活の中で，文字などを使いながら思ったことや考えたことを伝える喜びや楽しさを味わい，文字に対する興味や関心をもつようにすること。

表現

〔感じたことや考えたことを自分なりに表現することを通して，豊かな感性や表現する力を養い，創造性を豊かにする。〕

1　ねらい

(1) いろいろなものの美しさなどに対する豊かな感性をもつ。

(2) 感じたことや考えたことを自分なりに表現して楽しむ。

(3) 生活の中でイメージを豊かにし，様々な表現を楽しむ。

2　内容

(1) 生活の中で様々な音，形，色，手触り，動きなどに気付いたり，感じたりするなどして楽しむ。

(2) 生活の中で美しいものや心を動かす出来事に触れ，イメージを豊かにする。

(3) 様々な出来事の中で，感動したことを伝え合う楽しさを味わう。

(4) 感じたこと，考えたことなどを音や動きなどで表現したり，自由にかいたり，つくったりなどする。

(5) いろいろな素材に親しみ，工夫して遊ぶ。

(6) 音楽に親しみ，歌を歌ったり，簡単なリズム楽

器を使ったりなどする楽しさを味わう。
 (7) かいたり，つくったりすることを楽しみ，遊びに使ったり，飾ったりなどする。
 (8) 自分のイメージを動きや言葉などで表現したり，演じて遊んだりするなどの楽しさを味わう。
3 内容の取扱い
上記の取扱いに当たっては，次の事項に留意する必要がある。
 (1) 豊かな感性は，身近な環境と十分に関わる中で美しいもの，優れたもの，心を動かす出来事などに出会い，そこから得た感動を他の幼児や教師と共有し，様々に表現することなどを通して養われるようにすること。その際，風の音や雨の音，身近にある草や花の形や色など自然の中にある音，形，色などに気付くようにすること。
 (2) 幼児の自己表現は素朴な形で行われることが多いので，教師はそのような表現を受容し，幼児自身の表現しようとする意欲を受け止めて，幼児が生活の中で幼児らしい様々な表現を楽しむことができるようにすること。
 (3) 生活経験や発達に応じ，自ら様々な表現を楽しみ，表現する意欲を十分に発揮させることができるように，遊具や用具などを整えたり，様々な素材や表現の仕方に親しんだり，他の幼児の表現に触れられるよう配慮したりし，表現する過程を大切にして自己表現を楽しめるように工夫すること。

第3章　教育課程に係る教育時間の終了後等に行う教育活動などの留意事項

1 地域の実態や保護者の要請により，教育課程に係る教育時間の終了後等に希望する者を対象に行う教育活動については，幼児の心身の負担に配慮するものとする。また，次の点にも留意するものとする。
 (1) 教育課程に基づく活動を考慮し，幼児期にふさわしい無理のないものとなるようにすること。その際，教育課程に基づく活動を担当する教師と緊密な連携を図るようにすること。
 (2) 家庭や地域での幼児の生活も考慮し，教育課程に係る教育時間の終了後等に行う教育活動の計画を作成するようにすること。その際，地域の人々と連携するなど，地域の様々な資源を活用しつつ，多様な体験ができるようにすること。
 (3) 家庭との緊密な連携を図るようにすること。その際，情報交換の機会を設けたりするなど，保護者が，幼稚園と共に幼児を育てるという意識が高まるようにすること。
 (4) 地域の実態や保護者の事情とともに幼児の生活のリズムを踏まえつつ，例えば実施日数や時間などについて，弾力的な運用に配慮すること。
 (5) 適切な責任体制と指導体制を整備した上で行うようにすること。
2 幼稚園の運営に当たっては，子育ての支援のために保護者や地域の人々に機能や施設を開放して，園内体制の整備や関係機関との連携及び協力に配慮しつつ，幼児期の教育に関する相談に応じたり，情報を提供したり，幼児と保護者との登園を受け入れたり，保護者同士の交流の機会を提供したりするなど，幼稚園と家庭が一体となって幼児と関わる取組を進め，地域における幼児期の教育のセンターとしての役割を果たすよう努めるものとする。その際，心理や保健の専門家，地域の子育て経験者等と連携・協働しながら取り組むよう配慮するものとする。

● 著者

横山洋子（よこやま ようこ）
千葉経済大学短期大学部こども学科教授。
富山大学大学院教育学研究科学校教育専攻修了。国立大学附属幼稚園、公立小学校勤務ののち現職。著書は『保育の悩みを解決！ 子どもの心にとどく指導法ハンドブック』『CD-ROM付き 記入に役立つ！ 5歳児の指導計画』（ナツメ社）、『根拠がわかる！ 私の保育総点検』（中央法規出版）、『U-CANの思いが伝わる&気持ちがわかる！ 保護者対応のコツ』（ユーキャン）など多数。

カバーイラスト	おおたきょうこ
カバーデザイン	株式会社 フレーズ
本文デザイン	野村友美 (mom design)
本文イラスト	坂本直子、福島 幸、ヤマハチ
本文DTP・データ作成	有限会社 ゼスト
CD-ROM作成	株式会社 ライラック
編集協力	株式会社 スリーシーズン
編集担当	森田 直（ナツメ出版企画株式会社）

ナツメ社Webサイト
https://www.natsume.co.jp
書籍の最新情報（正誤情報を含む）はナツメ社Webサイトをご覧ください。

CD-ROM付き 子どもの育ちを伝える
幼稚園幼児指導要録の書き方&文例集 第2版

2019年1月1日　初版発行
2025年4月20日　第7刷発行

著　者	横山洋子　©Yokoyama Yoko, 2019
発行者	田村正隆
発行所	株式会社ナツメ社
	東京都千代田区神田神保町1-52　ナツメ社ビル1F（〒101-0051）
	電話　03(3291)1257(代表)　FAX　03(3291)5761
	振替　00130-1-58661
制　作	ナツメ出版企画株式会社
	東京都千代田区神田神保町1-52　ナツメ社ビル3F（〒101-0051）
	電話　03(3295)3921(代表)
印刷所	TOPPANクロレ株式会社

ISBN978-4-8163-6567-6
Printed in Japan

〈価格はカバーに表示してあります〉
〈落丁・乱丁本はお取り替えします〉

本書の一部または全部を著作権法で定められている範囲を超え、ナツメ出版企画株式会社に無断で複写、複製、転載、データファイル化することを禁じます。

本書に関するお問い合わせは、書名・発行日・該当ページを明記の上、下記のいずれかの方法にてお送りください。電話でのお問い合わせはお受けしておりません。
・ナツメ社webサイトの問い合わせフォーム
　https://www.natsume.co.jp/contact
・FAX（03-3291-1305）
・郵送（上記、ナツメ出版企画株式会社宛て）
なお、回答までに日にちをいただく場合があります。正誤のお問い合わせ以外の書籍内容に関する解説・個別の相談は行っておりません。あらかじめご了承ください。